Werner Winkler

99 Lösungswerkzeuge

Praxis der Problemlösung

1. Auflage 2003
5. Auflage 2018
Alle Rechte beim Autor.
Independently published.
ISBN 9781980408451

Impressum

Originalausgabe 2003
5. Auflage 1. März 2018

Alle Rechte beim Autor.
www.wernerwinkler.de
Independently published.
ISBN 9781980408451

Titelbild unter Verwendung eines Fotos
von istockphoto.de ID: 810864370

99 Lösungswerkzeuge – Praxis der Problemlösung

gesammelt, beschrieben, mit Beispielen und Übungen
illustriert von Werner Winkler

Zum Buch

Nachdem die „99 Lösungswerkzeuge" 2003 erstmals erschienen und 2004 in einer Taschenbuchausgabe unter dem Titel „Probleme schnell und einfach lösen" (mvg-Verlag) in Fachkreisen weite Verbreitung fanden, war dieses Buch nach dem Abverkauf der 3. Auflage nicht mehr im Handel erhältlich.

Immer wieder wurde ich von Lesern und Benutzern gefragt, ob es nicht eine neue Auflage geben würde; zunächst konnte dieser „Klassiker" als Kindle-eBook herausgeben werden, und nun ist es glücklicherweise in diesem Umfeld auch möglich, eine gedruckte Version ohne Verlag herauszugeben.

In den nunmehr über 15 Jahren, seit ich meine Sammlung an Lösungswerkzeugen zusammen stellte, hat sich deren Wert und praktischer Nutzen weiter bestätigt. Ich wünsche diesem Titel also weiterhin gute Verbreitung, vor allem natürlich bei all denen, die nach Lösungen für große oder kleine Probleme suchen.

Werner Winkler, im März 2018

Der einzig gültige Maßstab
für den Wert einer Methode
liegt in den praktischen
Ergebnissen, die sie erzielt.

Watzlawick, Weakland, Fisch: Lösungen

Inhaltsverzeichnis

Über den Autor

Werner Winkler, Jg. 1964, Ausbildung zum Werbetechniker und Kalligrafen; selbständiger Buchhändler von 1985-1989; 1994-95 ehrenamtliche Tätigkeit (Begleitung suizidgefährdeter Menschen im Arbeitskreis Leben, Stuttgart); 1995-97 Ausbildung zum Psychologischen Berater (Paracelsus Schule Stuttgart) sowie in Integrierter Kurztherapie und Psychographie bei Dietmar Friedmann; 'Intensive Training in Solution Brief Therapy' bei Steve de Shazer und Insoo Kim Berg; langjährige Lehrtätigkeit an verschiedenen Studienorten der Paracelsus Schulen sowie in Workshops, Seminaren und Vorträgen. 1995-2010 interner Berater und seit 2013 Marketingleiter in einer mittelständischen Druckerei. Verschiedene Veröffentlichungen. 1999 Mitbegründer der Initiative zur Förderung der Naturellwissenschaft e.V.; seit 1997 u.a. tätig als Kalligraf, freier Berater und Coach.

Kontakt
wewinkler@t-online.de
www.wernerwinkler.de

Rezension von Dipl.-Päd. Günter Hiller

Einer der ethischen Imperative der Systemischen Therapie lautet: Vergrößere deine Möglichkeiten! Doch so simpel diese Maxime klingt, so schwer ist sie oftmals in die Tat umzusetzen, weil man sich fragt: Ja, wie denn? Wie soll ich mich in der einen oder anderen Situation verhalten? Wie soll ich dieses oder jenes Problem angehen? Welche Möglichkeiten gibt es für mich? Eine wahre Fundgrube an Antworten findet sich in Werner Wink-lers neuestem Buch, mit dem er quasi eine Lösungswerkstatt eröffnet, in der er "99 Lösungswerkzeuge" anbietet, die für die "Praxis der Problemlösung" bestens geeignet sind.

Alle Werkzeuge sind in alphabetischer Reihenfolge geordnet. Beispiele führen mögliche Anwendungen der einzelnen Werkzeuge anschaulich vor Augen; ebenso finden sich wertvolle Tipps für die Gebrauchsanweisung sowie Übungsvorschläge, um die Nützlichkeit auch selbst testen zu können. Und falls man mit einem Werkzeug nicht so zurechtkommt, sind weitere Alternativwerkzeuge gleich mit angegeben, die dann vielleicht in einer bestimmten Situation besser funktionieren.

Dem Autor ist es mit dieser bunt bestückten Sammlung an Lösungswerkzeugen gelungen, einem die Bandbreite an Möglichkeiten vor Augen zu führen, die sich für eine Problemlösung anbieten: Die Palette reicht von Profi-Werkzeugen, wie z.B. Tit for Tat, Swish, lösungsorientierte Fragetechniken, die auch von professionellen Psychotherapeuten und Beratern angewandt werden, bis hin zu Alltagswerkzeugen, wie z.B. Nichtstun, Entdramatisieren, um Rat fragen, die teil bewusst oder unbewusst von vielen 'Laien' praktiziert werden (ohne dass es manch einem richtig klar ist, es hier mit effektiven Lösungswerkzeugen zu tun zu haben). Weiterhin finden sich in der Sammlung auch etwas 'brachialere' Werkzeuge, wie z.B. Milton Ericksons Ordeals sowie systemische Hochleistungs-Werkzeuge, wie Symptomverschreibungen und Musterunterbrechungen.

Gerade angesichts dieser Vielzahl an Werkzeugen fällt jedoch eines schwer: die Auswahl! Und die kann einem niemand abnehmen. Welches Werkzeug für wen in welcher Situation brauchbar und nützlich ist – diese Frage lässt sich nicht allgemein beantworten. Vielmehr gilt: Jedes Werkzeug muss zur Situation und Person passen! Und: Was in einer Situation hilft, kann in einer anderen geradezu schädlich sein! Die Kunst der Handhabung besteht also nicht nur in der rechten Auswahl eines Werkzeugs, sondern auch in seiner situationsadäquaten Anwendung. Anfänger tun sich hierbei natürlich schwer. Oftmals hilft dabei nur der Sprung ins kalte Wasser: einfach ausprobieren und experimentieren (und zwar in Situationen, die zu keinen misslichen Konsequenzen führen).

Ohne den Gebrauch und die Anwendung dieser Werkzeuge bleibt die Lektüre des Buches rein akademisch. Ein Handwerk lässt sich nicht theoretisch erlernen, sondern nur mittels der praktischen Anwendung. Und so zieht der Leser auch nur dann einen Gewinn aus diesem Buch, wenn er beginnt, die einzelnen Werkzeuge in seinem Alltag auszuprobieren, um sie in ihrer Wirksamkeit selbst zu erfahren. Und damit erfüllt er auch die ethische Maxime:

**Handle stets so, dass du die Zahl
deiner Möglichkeiten vergrößerst!**

Einleitung

Wer sich mit Problemen und deren Lösung beschäftigt, kommt an den psychologischen und psychotherapeutischen Bemühungen auf diesem Gebiet kaum vorbei. Dies führt häufig dazu, dass viele Menschen den Begriff „Probleme haben" sofort mit der Aussage „psychische Probleme haben" verbinden und so ihre Lösungssuche auf die psychologische Ebene beschränken.

Als Nicht-Psychologe ziehe ich naturgemäß bei der Problemlösung in den meisten Fällen eher nicht-psychologische Methoden und Ansätze den psychologischen, speziell den tiefenpsychologischen und problemorientierten, vor. Denn je mehr Vorannahmen man über das Wesen eines Problems, seine Ursachen und Verknüpfungen hat, desto schwieriger wird offensichtlich seine Lösung. Ironischerweise könnte man sagen: Auch Probleme möchten gerne am Leben bleiben. Aufgabe eines Beraters, Therapeuten oder schlicht jedes Problemlösers sollte es dagegen sein, ihnen ein Überleben nicht länger als nötig zu ermöglichen. Falls Sie also von fortbestehenden oder langlebigen Problemen wirtschaftlich oder emotional abhängig sein sollten, sei Ihnen die Lektüre dieses Buches besser nicht empfohlen.

Meine Absicht hier ist nicht, Lösungen in jedem Detail und in jeder Theorie darzustellen. Vielmehr geht es hier um praktisches Handwerkszeug, um Lösungswerkzeuge im besten Sinne des Wortes. Diese sollen Ihnen (oder Ihren Freunden, Familienmitgliedern, Klienten) Wege eröffnen, bisher ungelöste Probleme mit neuen Ideen anzugehen. Je rascher Ihnen dies gelingt, desto eher werden Sie sich wieder den Dingen zuwenden können, die das Leben interessant, schön und damit lebenswert machen.

Eine Anmerkung vorab zu den beispielhaften Geschichten, die jedem Lösungswerkzeug vorangestellt sind: Namen und Umstände wurden weitgehend frei erfunden bzw. Beobachtungen des Autors nacherzählt. Ähnlichkeiten mit lebenden Personen oder wahren Begebenheiten sind somit möglich, jedoch nicht beabsichtigt.

Was heißt 'lösungsorientiert'?

1. Unterschiede zwischen ursachen-, prozess- und lösungsorientierter Betrachtung

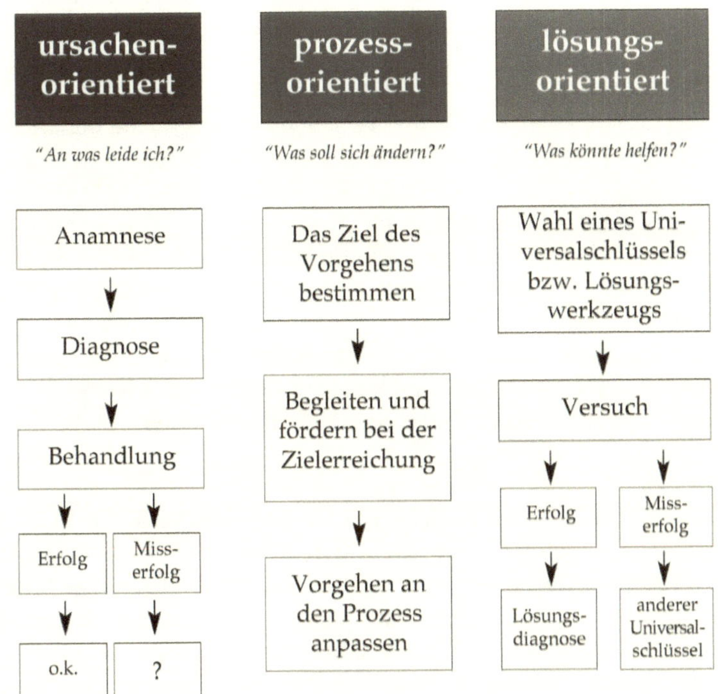

a) Ursachenorientierte Betrachtung

Wie auf der vorangestellten Skizze dargestellt, beginnt die ursachenorientierte Vorgehensweise stets mit einer genauen Untersuchung des Sachverhalts, der Anamnese. Darauf folgt eine Diagnose, welche wiederum die Behandlungsmöglichkeiten vorgibt. In der ärztlichen Praxis ist dieser Ablauf bekannt und in der Regel auch recht erfolgreich. Probleme mit diesem Ansatz treten jedoch immer dann auf, wenn die erwartete Besserung nicht eintritt und nun entweder bei Anamnese, Diagnose oder Behandlung eine Änderung erfolgen muss.

Die moderne Medizin verdankt einen Großteil ihrer Fortschritte und die Wiederholbarkeit gelingender Behandlungen dieser strikten Vorgehensweise. Es ist fast nicht denkbar, dass ein Arzt ohne vorherige Befragung, Untersuchung und eine exakte Diagnose irgendein Mittel bzw. eine Behandlung verordnet. Genau dies war aber zu früheren Zeiten durchaus üblich, da man sich über die Ursache vieler Krankheiten nicht im Klaren war und sie daher u.a. auf mystische, magische oder kosmische Einflüsse zurückführte. Erst mit der Aufklärung und der daraus folgenden naturwissenschaftlichen Betrachtung verschwanden vielerorts diese Deutungen und die damit verbundenen Praktiken. Leider verzichten viele Mediziner seither auch auf einige nützliche Werkzeuge, die sich nicht mit den Mitteln exakter Wissenschaft erfassen lassen, aber trotzdem eine nebenwirkungsarme Behandlung ermöglichen (wie Hypnose, Scheinmedikation oder Scheinoperation).

b) Prozessorientierte Betrachtung
Liegen keine akuten Beschwerden vor, kennt die Fachwelt einige Mittel und Wege, die entsprechend dem jeweiligen Fortschritt diesen unterstützen. Beispiele sind die Regeneration verbrannter Haut, die Wiederherstellung verkümmerter Muskeln nach dem Tragen eines Gipses, die Verlängerung von zu kurzen Knochen oder Kuren zur Vorbeugung bzw. Nachsorge verschiedenster Krankheiten.

c) Lösungsorientierte Betrachtung
Bei der lösungsorientierten Vorgehensweise werden nicht Ursachen oder der Verlauf eines Prozesses in den Mittelpunkt gestellt; sie zielt darauf ab, mit Hilfe so genannter Universalschlüssel Ansätze für eine Veränderung zu suchen. Die Lösungsorientierung unterscheidet sich somit zwar grundsätzlich von ursachen- oder prozessorientierten Wegen, sie ist aber nicht per se 'besser' oder 'schneller'. Jedoch erweitert sie den Handlungsspielraum enorm, vor allem, wenn die bisherigen Versuche nicht den gewohnten oder gewünschten Erfolg gebracht haben.

2. Von lösbaren und unlösbaren Problemen

Bevor man nach einer Lösung suchen kann, muss eine Beschwerde formuliert werden. Die Begriffe „Beschwerde / Problem / Schwierigkeit / Klage" werden hier im Wechsel verwendet, sie beschreiben jedoch das gleiche Phänomen. In der Beratungspraxis kann eine Unterscheidung (nach de Shazer) in „Besucher", „Klagende" und „Kunden" sinnvoll sein. Nur der „Kunde" (derjenige, der eine Lösung sucht) wird behandelt; mit „Besuchern" (von Dritten in die Beratung Geschickte) wird geplaudert, „Klagenden" werden Beobachtungsaufgaben erteilt (z.B. zu beobachten, ob sich die Leidensstärke beeinflussen lässt).

Eine Unterscheidung von Beschwerden in drei Kategorien scheint sinnvoll zu sein:

A. Die Beschwerde kann (momentan) nicht gelöst werden.

Bsp.: „Im Alter könnte ich meine Zähne verlieren."
Selbstverständlich kann selbst bei unlösbaren Beschwerden irgendetwas unternommen werden, jedoch wird dadurch das Problem an sich nicht gelöst (z.B. das Altern, der Tod).

B. Die Beschwerde soll (momentan) nicht gelöst werden.

Bsp. 1: Herr Anselm steht kurz vor der Rente; ständig ärgert er sich über seinen Vorgesetzten und dessen ungehobelte Art.
Bsp. 2: Hermann ist seit einigen Monaten arbeitslos; zuvor hatte er einen nervtötenden, aber gut bezahlten Job in der Verwaltung eines Großunternehmens. Inzwischen sieht sein Garten so aus, wie er es sich immer vorgestellt hatte.
In beiden Fällen scheint die (erwünschte) Nebenwirkung der Beschwerde das Leiden zu überwiegen, wohingegen eine 'Lösung' neue Schwierigkeiten schaffen würde.

C. Das Problem wäre lösbar, wenn ein Weg/eine Möglichkeit dafür bekannt wäre.

Bsp. 1: Seit drei Wochen hat Paola Rückenschmerzen. Sie würde alles dafür tun, um wieder ihrer Arbeit nachgehen zu können.
Bsp. 2: Frau Hagmann ist 98 Jahre alt und wird demnächst sterben. Sie möchte gerne noch ihre Vermögensverhältnisse klären, weiß aber nicht, mit wem sie darüber reden kann. Mit ihrer Familie ist sie seit Jahren zerstritten, nur noch eine Enkelin besucht sie.

Wozu ist so eine Unterscheidung nützlich?

1. „Behandle nichts Gesundes", eine der Grundregeln lösungsorientierten Vorgehens, kann auch heißen, eine Beschwerde der Kategorie B unangetastet zu lassen, um nicht größere Verwicklungen oder Nebenwirkungen auszulösen.

2. Die Kräfte des Problemlösers (auch von Beratern, Therapeuten, Freunden) müssen geschont werden, weil sonst Frustration droht, welche die Arbeit mit lösbaren Beschwerden hemmt.

3. Das Recht des Beschwerdeinhabers ist es, eine Beschwerde zu formulieren; das Recht des Zuhörers/Beraters/Begleiters ist dagegen,

die Arbeit an einem unlösbaren Problem abzulehnen (vgl. einen Handwerker, der sich weigert, einen Nagel in eine Betonwand zu schlagen).

4. Manchmal gelingt es dadurch, eine Beschwerde anders (lösbar) zu formulieren und so eine für beide Seiten fruchtlose Arbeit durch sinnvolle Gespräche und Gedanken zu ersetzen.

5. Geht man auf Beschwerden der Kategorie A oder B ein, verhindert man unter Umständen die Lösung einer Beschwerde der Kategorie C oder verschlimmert die vorhandenen Beschwerden (durch Hoffnungslosigkeit etc.). Dann ist man in Gefahr, Teil des Problems zu werden und nicht Teil der Lösung zu sein.

Schwierigkeiten gehören zum Leben dazu und nicht jede davon muss automatisch ein Problem darstellen. Manche natürliche und vorübergehende Schwierigkeit wird nur dadurch zum Problem, dass sie (noch) nicht gelöst werden konnte.

Das eigentliche Problem ist dabei der untaugliche Lösungsweg; die Lösung beginnt also mit der Beendigung des Fehlversuchs (z.B. einer seit Jahren erfolglosen Behandlung) und der Suche nach möglichen Alternativen.

3. Wie erhält man Probleme am Leben?

Paul Watzlawick und seine Kollegen führten eine nützliche sprachliche Unterscheidung ein: „Schwierigkeiten" sind demnach natürlicherweise auftretende Gegebenheiten, „Probleme" noch ungelöste Schwierigkeiten. Ähnlich sieht es Steve de Shazer, wenn er schreibt: „Probleme sind Probleme, weil sie aufrechterhalten werden."

Probleme lassen sich also vor allem dadurch am Leben erhalten, dass man sie nicht löst. Für dieses Nicht-Lösen kann es vielerlei Gründe geben (wie zuvor beschrieben). Nicht selten mangelt es einfach am relativen Leiden des Betroffenen angesichts des durchaus ernsten Problems. 'Relativ' bedeutet, dass andere Faktoren stärker sind als das Leiden, z.B. nützliche Nebenwirkungen, aber auch die Angst vor der (unbekannten) Lösung. Dies ändert sich evtl. dann, wenn das Leiden am Problem zunimmt oder die Angst vor der Lösung geringer wird (z.B. weil man sich über die rechtlichen Folgen einer Kündigung genau informiert hat und sich dann traut).

Phase 1: Leiden am Problem geringer als die Angst vor der Lösung
Phase 2: Leiden am Problem größer als die Angst vor der Lösung

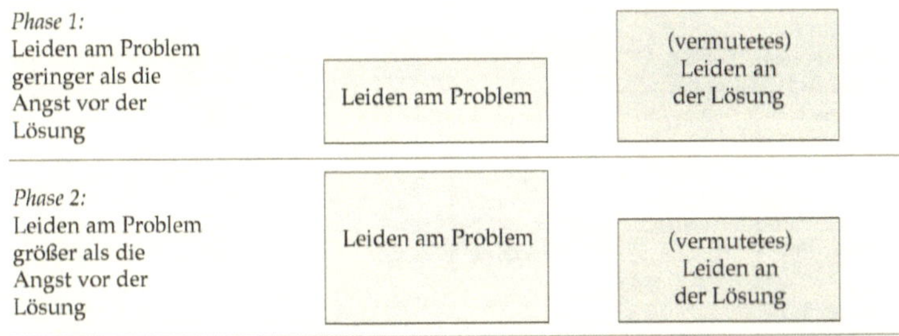

Die Änderung von Phase 1 zu Phase 2 kann zu einer Lösungswillig-
keit führen; wird nur das subjektive Leiden des 'Probleminhabers'
gemindert (z.B. durch eine Therapie), nicht aber die Angst vor einer
Lösung verringert, senkt das unter Umständen die Bereitschaft, ein
Problem tatsächlich zu lösen.

Folglich verschlimmert sich also der subjektive Leidensdruck zu Beginn eines Lösungsprozesses, da zeitweise das Leiden am Problem
steigt, während die Angst vor der Lösung hoch bleibt.

4. Wenn die Situation selbst das Problem ist

Fast jeder von uns kennt die Szene: zwei sympathische, kultivierte
Menschen verlieben sich und heiraten. Eltern, Freunde und das Paar
selbst erwarten nun selbstverständlich ein harmonisches Zusammen-
leben – jedoch nach einiger Zeit herrscht Unfrieden und Streit. Obwohl jeder für sich ein angenehmes Leben hatte und zum 'perfekten
Glück' nur noch ein Gegenüber zu fehlen schien, kehrt sich die Situation um.

Was oft nicht bedacht wird, ist, dass sich Dinge und Menschen nicht
nur beeinflussen, sondern dass etwas Drittes entsteht: die Beziehung.
Und diese folgt häufig eigenen Gesetzmäßigkeiten und produziert
Schwierigkeiten, die ohne sie gar nicht da wären. Fehlt nun die Kompetenz, diese zu lösen, ist das Problem da. Was für Paare gilt, trifft
nicht weniger auch auf alle Beziehungen zu (Kollegen, Kunden, Verwandtschaft etc.).

Im Gegensatz zu offensichtlichen Problemen (ein gebrochenes Bein,
ein kaputtes Auto) geht es hier um Situationen, die als problematisch

erlebt werden. Die Probleme scheinen wie in einem Hamburger aus vielen Schichten zu bestehen, die sich gegenseitig beeinflussen.

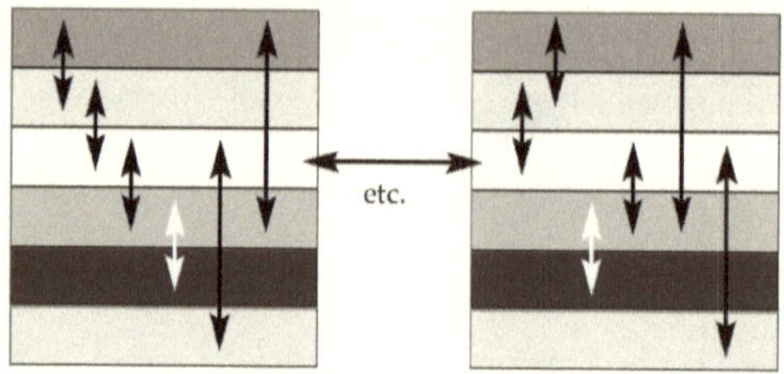

Die Situation als Problem: einzelne Schwierigkeiten beeinflussen sich gegenseitig (komplexe Interaktionsmuster); sind weitere Personen beteiligt, korrespondieren diese auch noch mit deren Problemen.

Manchmal gelingt es, die Probleme einzeln zu fassen und nacheinander zu lösen. Häufig ist die Situation (das System) aber zu verworren oder der Leidensdruck zu groß, so dass nur noch eine radikale Veränderung tatsächlich einen Unterschied herbeiführt. Es kann aber durchaus sein, dass die Lösung von einem oder zwei Einzelproblemen die ganze Situation bereinigt. Daher sollte nach Möglichkeit zuerst dieser Weg versucht werden.

5. Leitsätze im Umgang mit Problemen und Lösungswerkzeugen

Diese Leitsätze stellen sozusagen die Essenz der bisherigen Erfahrungen lösungsorientiert arbeitender Praktiker dar. Sie können sowohl als Leitfaden bei der Auswahl der Lösungswerkzeuge als auch bei der Reflexion gelungener bzw. misslungener Lösungsversuche helfen.

Probleme lösen ist eine kulturelle Fertigkeit wie Rechnen, Schreiben oder Lesen. Selbstverständlich benötigt sie daher Anleitung, Übung, Korrektur und die unvermeidlichen Anfängerfehler. Ebenso sicher werden aber nach und nach erste Erfolge, ermutigende Rückmeldungen und eine aus Erfahrung geschulte Intuition hinzukommen. Für den Anfang können Sie sich aber an den folgenden Leitsätzen orientieren und so die gröbsten Fallen umgehen:

Leitsatz 1: Behandle nichts Gesundes!
Bsp. Klaus und Kathrin haben Angst, in eine Ehekrise geraten zu sein. Auf genaue Nachfrage des Therapeuten (wann es zum letzten Mal gut war) stellt sich heraus, dass nur eine Kleinigkeit vergessen wurde: das Abgleichen der Terminkalender und das Freihalten gemeinsamer Abende. Alle weiteren Schwierigkeiten scheinen dadurch ausgelöst zu sein. Eine weitere Beratung wird daher für unnötig erklärt.

20

Leitsatz 2: Sei neugierig auf vorhandene Lösungen!
Bsp. Der Geschäftsführer klagt über eine steigende Zahl an fehlerhaft ausgeführten Aufträgen in seinem Betrieb. Die Quote liegt bei fast 10%. Auf Intervention des Beraters werden die restlichen 90% unter die Lupe genommen: Was läuft hier richtig?

Leitsatz 3: Schlüssel suchen, nicht Schlösser untersuchen!
Bsp. Frau P. hat schon bei vielen Ärzten und Therapeuten nach einer Erklärung für ihre Schlaflosigkeit gesucht – ohne Erfolg. Gemeinsam geht man eine Liste mit Lösungsberichten anderer Klienten zu diesem Thema durch. Vieles davon hat sie bereits versucht, zwei Möglichkeiten jedoch nicht ...

Leitsatz 4: Lösungen sind einander ähnlicher als Probleme!
Bsp. Martin hat seit zwei Wochen auf dem Weg zur Uni solche Ängste, dass er befürchtet, psychisch krank zu sein. In der Bibliothek hat er seine Beschwerden mit den Beschreibungen der Fachautoren verglichen und sich in einigen Krankheitsbildern wiedererkannt. Auf die Frage, was ihm sonst so hilft bei Problemen, berichtet er vor allem von sportlichen Aktivitäten und dass er sich von seiner Freundin ausgiebig massieren lässt. Da er beides seit Wochen nicht mehr gemacht hat, liegt ein Versuch nahe.

Leitsatz 5: Wenn etwas funktioniert, versuche mehr davon!
Bsp. Bei der zweiten Sitzung berichtet Martin, dass er nur noch an zwei Tagen Ängste bemerkt hat, jedoch schon deutlich schwächer. Zwei Mal war er Joggen und seine Freundin tat ihm den Gefallen mit der Massage sehr gerne. Beides verschreibt er sich nun erneut als Rezept; im Gegenzug putzt er ihr jeweils das Bad oder die Fenster.

Leitsatz 6: Wenn etwas nicht funktioniert, mach' etwas anderes.
Bsp. Da auch Martins Freundin manchmal Ängste hat, probiert sie es ebenfalls mit Laufen und Massage. Daraufhin bekommt sie jedoch zusätzlich noch Muskelkater und Kopfschmerzen. Weil sie Vegetarierin ist, versucht sie es nun mit Zink- und Magnesium-Präparaten. Nach vier Wochen sind ihre Beschwerden deutlich zurückgegangen. Parallel hat sie herausgefunden, dass ihr langsames Schwimmen in warmem Wasser gut tut – vor allem in Verbindung mit einem Besuch in Sauna und Solarium.

Leitsatz 7: Sei so einfach und effektiv wie möglich!
Bsp. Frau Praktisch hat den Verdacht, dass ihre kleine Enkeltochter vom eigenen Vater missbraucht wird. Sie ruft bei einer Beratungsstelle an und möchte einen Termin vereinbaren, um das zu besprechen. Der Berater fragt, was sie denn bereits in dieser Sache unternommen habe. Sie berichtet, dass

sie die Polizei und das Jugendamt informiert habe, aber nicht sicher sei, ob das genügt. Ihr Verhalten wird gelobt und als vorbildlich bezeichnet, worauf sie erleichtert wirkt. Die Frage, ob sie immer noch einen Termin benötige, verneint sie – die Rückmeldung habe ihr bereits sehr geholfen ...

Leitsatz 8: Vertraue den Ressourcen aller Beteiligten!

Bsp. Herr Lustig ist in seiner Firma für die Steuerangelegenheiten zuständig. Er ist verzweifelt, weil er in einer Sache nicht mehr weiter weiß und nächste Woche eine Steuerprüfung stattfindet. Vor lauter Sorgen kann er kaum noch schlafen. „Keiner kann mir da helfen" ist seine Meinung. Auf die Frage „Angenommen, wir würden allen Menschen in Deutschland Ihr Problem vorlegen – glauben Sie wirklich, keiner davon könnte Ihnen weiterhelfen?" stutzt er zunächst, nach kurzer Zeit hellt sich sein Gesicht aber auf und er sagt: „Jetzt weiß ich, wen ich fragen kann – der weiß es bestimmt!" Das Zutrauen in eine mögliche Lösung hatte anscheinend seine Blockade gelöst.

Leitsatz 9: Der Klient ist Experte für sein Leben!

Bsp. Ein Arzt aus Tübingen fragt seine Patienten bei jedem Besuch „Was haben Sie denn seit dem letzten Mal über Ihre Beschwerden herausgefunden?" Dadurch stärkt er zunächst die Ressourcen seiner Patienten, gleichzeitig lernt er selbst eine Menge (über den Patienten und den Erfolg verschiedener Vorgehensweisen) hinzu.

Womöglich klingen manche dieser Leitsätze für Sie ungewohnt, besonders dann, wenn Sie bereits eine klassische psychologische Ausbildung absolviert oder jahrelange Erfahrung im Umgang mit Problemen haben. Der lösungsorientierte Blick verlangt neben Zurückhaltung auch Mut. Es ist nicht einfach, das gewohnte Analysieren eines Problems aufzugeben und sehr rasch ein Lösungswerkzeug zu benutzen. Hat man bereits viel über Probleme (Entstehung, Benennung, systemische Hintergründe und Verstrickungen etc.) gelernt, kann es sein, dass man einiges davon wieder verlernen muss – was bekanntlich nicht so leicht ist.

Nicht umsonst berichtet de Shazer, dass die erfolgreichsten Teilnehmer seiner Seminare „Hausfrauen und Ingenieure" seien – also jene, die sonst eher wenig mit Psychologie zu tun hätten. Vielleicht gelingt es Ihnen auch (falls Sie zu den 'Vorbelasteten' gehören), bestehende Probleme mit den hier beschriebenen Lösungswerkzeugen erfolgreich anzupacken – denn letztlich ist der praktische Nutzen einer Methode ihr bester Fürsprecher.

1. Abwarten (Pausen)

Abraham litt zunehmend unter der unerträglichen Spannung in seinem Büro. Zwei von vier Mitarbeitern waren offensichtlich mit ihren Aufgaben stark überfordert. So verbreiteten sie regelmäßig eine unangenehme Stimmung, beschwerten sich über die Vorgesetzten oder jammerten über zu schlechte Bezahlung.

Wäre Abraham seinen spontanen Impulsen gefolgt, hätte er schon lange versucht, die Situation zu entschärfen. Er spürte aber, dass es nicht möglich sein würde, etwas wirklich Entscheidendes zu verändern. Also entschloss er sich, abzuwarten und eine beobachtende Haltung einzunehmen. Wenn es gar zu spannungsgeladen wurde und er sich in seiner Arbeit beeinträchtigt fühlte, gönnte er sich kleine Pausen, z.B. auf der Toilette, am Kopierer, im Flur oder im Archiv. Auch gewöhnte er sich an, in der Mittagspause lieber einen spannenden Roman zu lesen und sich dafür weniger mit den Kollegen abzugeben. Nach einem knappen halben Jahr kündigte einer der beiden und eine junge, kompetente Mitarbeiterin wurde eingestellt. Sie zog auch den zweiten 'Problemfall' mit, so dass die Situation wieder ins Reine kam.

Steve de Shazer, einer der geistigen Väter der lösungsorientierten Psychologie, antwortete 1997 dem Autor auf die Frage nach seinem wichtigsten therapeutischen Werkzeug: „the pauses" („die Pausen"). Einige Jahre später, als man sich wieder traf und die Frage lautete, was er inzwischen anders mache als früher, bemerkte er mit einem verschmitzten Lächeln: „more of the pauses" („mehr Pausen").

Dazu muss man wissen, dass die Gruppe um de Shazer ihre Erkenntnisse durch konsequentes Beobachten therapeutischer Erfolge gewonnen hat. Die Frage lautete stets: Was macht der Therapeut richtig, wenn das Gespräch gut läuft? Vermutlich hatte niemand am Anfang der Forschung vorausgesehen, dass sich die Pausen als so nützlich erweisen würden.

Abwarten, Pausen in der Beschäftigung mit dem Problem einlegen, erzeugt einen Freiraum, in dem sich Lösungen auf natürlichem Weg entwickeln können. Nicht selten verschärfen sich Probleme erst dadurch, dass man sie zu lösen versucht.

Auch in Gespräche (und in rein gedankliche Lösungsversuche) bringen Pausen eine angenehme Ruhe, von der Berater und Lösungssuchender gleichermaßen profitieren. De Shazer berichtet, dass er in den vielen Jahren seiner therapeutischen Arbeit keine Sitzung ohne eine Pause vergehen ließ.

Es muss ja nicht immer eine ausgedehnte oder angekündigte Pause sein, auch ein kurzes Verzögern der Antwort oder ein stummes Nicken kann nützlich sein. Am Telefon wird eine abwartende Haltung z.B. durch zustimmende Laute („mhm", „ja", „aha" etc.) signalisiert. Dadurch vermeidet man, den Rede- oder Gedankenfluss des Gegenübers zu unterbrechen, während dieser auf eine Lösung zusteuert.

Falls es Ihnen sehr schwer fällt, beim Problemlösen eine Pause einzulegen, kann es auch hilfreich sein, sich mit etwas anderem zu beschäftigen. So müssen Sie nicht untätig herumsitzen und lassen nebenbei noch 'das heiße Eisen' eine Zeit lang in Ruhe.

Übungen:
Wenn Ihnen das nächste Mal ein Problem oder eine heikle Situation erzählt wird, versuchen Sie, ungefähr ein Drittel länger mit der Antwort zu warten, als gewöhnlich. Gelingt dies, steigern Sie die Rückmeldepause weiter. Sie können auch direkt um Bedenkzeit bitten (mit oder ohne Nennung des Zeitpunktes, an dem Sie sich melden werden).

In einem fortgeschrittenen Stadium kann es auch darum gehen, sich ganz aus der Lösung eines Problems heraus zu halten und nur zu beobachten, was geschieht, wenn man nicht eingreift (z.B., wenn die eigenen Kinder miteinander streiten). Sollten Sie 'die Kunst des Heraushaltens' bereits beherrschen, sind diese Übungen natürlich unnötig. Dann dürften Sie eher die Muskeln 'mutiges Eingreifen' oder 'gezieltes Einmischen' etwas trainieren.

2. Ausnahmen suchen (und zur Lösung nutzen)

Frau Professor Austermann ist bekannt für ihre ungewöhnlichen Forschungsarbeiten, mit denen sie schon so manchem Geheimnis auf die Spur gekommen ist. Nun nimmt sie ihr bisher umfangreichstes Projekt in Angriff: die Suche nach unbekannten Faktoren zur Verringerung des Krebsrisikos. Als Vorbild dient ihr dabei eine Studie aus den USA, in der festgestellt wurde, dass in manchen Bundesstaaten die Überlebensdauer nach einer Krebserkrankung um zehn Jahre höher liegt als in anderen (abhängig davon, wie reich am Mineralstoff Selen die Ackerböden sind).

Nun möchte sie folgenden Fragen nachgehen:

a) Gibt es irgendwelche Faktoren zu entdecken, weshalb die Überlebensdauer mancher Krebspatienten die des Durchschnitts um über 100% übersteigt?

b) Was erklärt die Beobachtung, dass in manchen Ländern Europas das Auftreten einzelner Krebsarten extrem niedrig ist? Die Bodenzusammensetzung, das Ernährungsverhalten und evtl. spezielle regionale Umstände sollen verglichen werden.

c) Weshalb erkranken viele Menschen trotz ungesunder Lebensweise oder genetischer Anfälligkeit (mehrere Krebsfälle in der Familie) nicht an Krebs? Gibt es bestimmte Verhaltensweisen, die auf eine schützende bzw. vorbeugende Wirkung schließen lassen?

d) Warum leiden manche Berufsgruppen nur sehr selten unter Krebserkrankungen bzw. zeigen eine geringere Rückfallquote?

e) Gibt es Menschengruppen auf der Welt, in denen eine bestimmte Krebsart viel seltener oder sogar gar nicht vorkommt? Was könnten die Unterschiede zwischen den Gruppen mit hoher und denen mit niedriger Rate sein?

Leider sind solche Forschungsansätze, die nach Ausnahmen suchen und diese analysieren, selbst noch die Ausnahme. Meist interessieren sich Forscher eher für Beschwerden, Krankheiten oder Störungen. Gleichzeitig wird viel Zeit und Geld in die so genannte Grundlagenforschung investiert, während das eigentliche Wissen in den fast immer vorhandenen Ausnahmen kaum Beachtung findet.

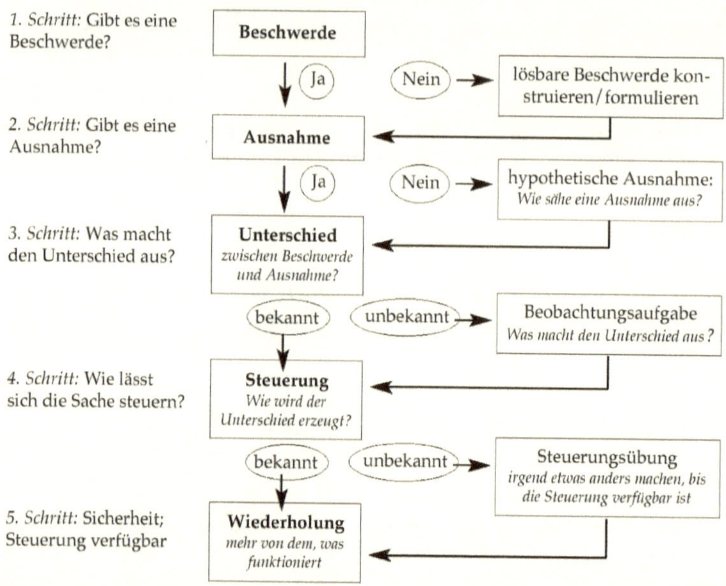

Die Skizze zeigt die Vorgehensweise bei der Suche und Verwertung solcher Ausnahmen. Die Praxis bestätigt, dass dies eines der wirkungsvollsten Lösungswerkzeuge überhaupt ist.

Übungen:

a) Sehen Sie eine beliebige Seite im Telefonbuch durch und unterstreichen Sie die Namen, von denen Sie sagen würden: „Dieser Eintrag ist etwas ganz Besonderes." z.B. Tel. 12 34 56

b) Gehen Sie Ihren Kalender der letzten Wochen durch und wählen Sie einen Tag aus, von dem Sie sagen: „Dies war ein außergewöhnlicher Tag." Suchen Sie dann (in den davor liegenden Monaten) nach ähnlichen Tagen – was war das Gemeinsame an diesen Tagen?

c) Wenn Sie eine akute Beschwerde (auch eine körperliche) quält, gehen Sie in der Zeit so lange zurück, bis Sie eine Phase finden, in der die Beschwerde (noch) nicht vorhanden war. Finden Sie heraus, was den Unterschied zu heute ausmacht – bevorzugen Sie dabei solche Unterschiede, die Sie erneut herbeiführen könnten.

3. Belohnungen in Aussicht stellen

Beate kannte sich gut genug, um zu wissen, dass ihr die bevorstehende Renovierung nicht leicht fallen würde: das ganze Zimmer ausräumen, die alten Tapeten ablösen, Löcher in den Wänden verspachteln, neu tapezieren und schließlich wieder alles einräumen. Die Aussicht, danach ein freundlicheres Arbeitszimmer zu haben, reichte hier als Motivation nicht aus.

Also benutzte sie einen Trick, der bei anderen Gelegenheiten auch schon funktioniert hatte: Sie gab ihrer besten Freundin einen Umschlag, in den sie vorher einen größeren Geldbetrag gesteckt hatte. Falls sie die Freundin bis in sechs Wochen nicht zur 'Neueröffnung' einladen würde, dürfe diese das Geld behalten. Schafft sie es aber, würden sie zusammen ein langes Wochenende in Salzburg verbringen; sie selbst nahm sich vor, dort eine besondere Lampe zu kaufen.

Belohnungen als Anreiz werden im betrieblichen Umfeld (Prämien) schon lange mit Erfolg verwendet. Manche Industrieunternehmen schütten beträchtliche Summen an ihre Mitarbeiter aus, um diese für innovative oder Geld sparende Lösungen auszuzeichnen. Das Wissen um die in Aussicht stehenden Belohnungen (und die regelmäßigen Berichte darüber) wirken sozusagen 'unter der Oberfläche' als ständiger Anreiz.

Was spricht dagegen, auch sich selbst für das Überwinden einer Hürde etwas zu schenken? Wenn es sich dabei noch um ein 'besonderes Stück' handelt, das dann die Wohnung oder das Büro ziert, wirkt dieses wie ein 'Dauerkompliment'. Gleichzeitig erinnert es uns an die damals aktivierten Ressourcen und wirkt so wie ein 'Anker'.

Übung:
Notieren Sie sich zwei bis drei Erledigungen, die Sie in letzter Zeit trotz innerer Hürden hinter sich gebracht haben. Belohnen Sie sich nachträglich für jede Einzelne davon angemessen (Sie können auch Geldbeträge aufaddieren).

4. Bewegung

Bernd fühlte sich in den letzten Jahren zunehmend sozial isoliert. An den Wochenenden saß er meist allein zu Hause. Sich selbst etwas zu kochen machte ihm keinen Spaß und in der ihm fremden Stadt (er war nach dem Studium dort hängen geblieben) kannte er kaum jemand.

Im Gespräch mit einem Freund und auf dessen Frage nach etwas, das vor seinem Studium besser war, erinnerte er sich an seine Jugendzeit. Damals hatte er noch im Fußballverein gespielt und wie selbstverständlich entstanden ausreichend Kontakte und Freundschaften. Für den Fußball war er zwar zu alt, aber im Betrieb gab es eine Volleyball-Gruppe, die ihn als Mitspieler willkommen hieß. Tatsächlich verbesserte das regelmäßige Spiel nicht nur seine Kondition, sondern stärkte auch sein Zugehörigkeits- und Heimatgefühl.

Dass maßvolle körperliche Betätigung zusätzlich angenehme psychische Effekte zeigt, dürfte allgemein bekannt sein. Unverständlich ist deshalb, dass es so selten gezielt für die Lösung psychischer Probleme eingesetzt wird. Zwar gibt es Wasser- oder Sporttherapie-Angebote in entsprechenden Kliniken, aber im psychotherapeutischen Alltag spielt Bewegung selten eine große Rolle. Zu naheliegend (und damit oft irreführend) ist der Gedanke, psychische Beschwerden allein mit 'Kopfwerkzeugen' (Gespräch, Bedenken, Analysieren etc.) bessern zu wollen. Schon lange pflegen übrigens manche Kulturen (wie Japan, China oder Indien) die Tradition, durch körperliche Übungen positiv auf den 'inneren Menschen' einzuwirken (z.B. Tai-Chi, Yoga, Kampfsport). Auch Bewegung beim Tanzen, beim Spazierengehen oder beim Chorgesang können einen Unterschied bewirken bzw. ihn anstoßen. Es muss also nicht immer "Sport" sein, z.B. wenn jemand körperlich eingeschränkt ist.

Übung:
Probieren Sie mehrere Ihnen bereits bekannte Bewegungsarten (z.B. Wandern, Gymnastik, Schwimmen, Radfahren) und beobachten Sie deren Einfluss auf Ihre Stimmung und Ihre Gedanken.

5. Beziehungen nutzen

Barbara wusste weder ein noch aus. Wie aus heiterem Himmel plagte Sie oft ein unangenehmes Herzrasen und versetzte sie in Panik, meist nachts oder in wichtigen Besprechungen. Ihr Vater und Großvater waren an einem Herzleiden verstorben, was ihre Angst noch verstärkte. Nachdem der Hausarzt sie untersucht und keinerlei Anzeichen für ein körperliches Leiden gefunden hatte („die Schulmedizin kann Ihnen da nicht helfen"), forschte sie im Internet nach Informationen.

Je mehr sie aber suchte, desto verwirrter wurde sie. Keiner der vielen Hinweise schien ihr schlüssig. Also fing sie an, im Bekanntenkreis darüber zu reden und nach Erfahrungen anderer zu fragen. Irgendwann hörte eine Studienkollegin zufällig die Geschichte mit und mischte sich ein: Ähnlich sei es einem Freund einmal ergangen. Sie versprach nachzufragen, ob der inzwischen etwas herausgefunden hätte. Kurze Zeit später erhielt Barbara Post mit unbekanntem Absender; Inhalt: Kopien aus Fachbüchern über den Zusammenhang von Herzrasen und Nährstoffmängeln (Magnesium, Kalium, Vitamin B2). Das hatte sie noch nicht versucht, allerdings erinnerte sie sich, nach der Schwangerschaft ein Magnesium-Präparat eingenommen zu haben.

Weil es zunächst nach Schwäche aussieht, vermeiden viele Menschen, über ihre Probleme oder körperlichen Beschwerden zu sprechen. Sicher kennen Sie aber die Erfahrung, selbst um Hilfe gebeten zu werden – man erlebt es keineswegs als unangenehm, sondern fühlt sich geehrt, für möglicherweise kompetent zu gelten. Auch im Sprichwort „Zwei wissen mehr als einer." hat sich dieses Wissen niedergeschlagen.

Übung:
Lösen Sie zur Übung einmal ein Problem nicht im Alleingang, sondern fragen Sie mindestens zwei Bekannte (z.B. auch auf Facebook oder ein einem Forum) um Rat. Bitten Sie diese, ihrerseits im Bekanntenkreis nach Ideen zu suchen und Ihnen über das Ergebnis zu berichten.

6. Dahinterbleiben

*Daniel gehört zu der Sorte Menschen, die vor Kraft kaum laufen können
– nicht nur in körperlicher Hinsicht, auch mit seiner Ausstrahlung ist er den
meisten an Power ein gutes Stück voraus. Seine Mutter dagegen ist eine stille,
unscheinbare und tiefgründige Person. Wenn Daniel zu Besuch kommt, wird
sie noch stiller und scheint sich in Luft aufzulösen. Sie hat es sich weitgehend
abgewöhnt, ihrem Sohn zu erzählen, was sie bedrückt. Mit seinen kraftvollen
Sprüchen konnte sie noch nie etwas anfangen, im Gegenteil – stets brauchte
sie einige Zeit, um sich von seinem Besuch zu erholen.*

*Als ihn eine Freundin mit in die Volkshochschule schleppte und er dort von
verschiedenen, angeborenen Naturellen hörte, etwas klar: Stets hatte er seine
Mutter 'überholt' und ihr keine Entfaltungsmöglichkeit gelassen. Er wollte
ausprobieren, was geschähe, wenn er sich mehr auf ihr Schritttempo einlassen
würde. Da die Mutter beim nächsten Besuch mit einer Grippe im Bett lag, fiel
sein ungewöhnliches Verhalten nicht weiter auf. Er ließ sie ausreden, ermu-
tigte sie durch kurze Silben zum Weitersprechen und nahm seine ausholende
Gestik so weit wie möglich zurück. Auch gab er keine Ratschläge, was denn
nun gegen die Grippe zu tun sei. Noch nie hatte er seine Mutter so ausführlich reden hören; er wusste gar nicht, welchen Erfahrungsschatz im Umgang
mit Krankheiten sie angesammelt hatte ...*

Keinem Kutscher würde es einfallen, auf ebener Strecke vor den Pferden herzugehen und sie hinter sich her zu ziehen. So ähnlich versuchen es aber manche mit ihren (langsameren) Zeitgenossen – meist
mit wenig Erfolg.

Dietmar Friedmann entdeckte, dass sich Menschen mit einem bestimmten Naturell (er nannte sie "Sachtypen") nur dann wirklich entfalten
können, wenn sie vor sich genügend Platz (d.h. Zeit) sehen. Für die
von Friedmann entwickelte Form der Kurztherapie gilt daher die Anweisung, mit solchen Menschen besonders vorsichtig und behutsam
umzugehen – sie nicht zu 'überholen', sondern 'Dahinterzubleiben'.
Neben der verbalen Zurückhaltung dreht es sich hierbei vor allem
um eine Frage der inneren Haltung. Bringt man zu viel Energie in ein
Gespräch hinein, wird dieser Typ dem anderen meist sofort das Feld
überlassen. Das hindert ihn natürlich daran, eigene Ziele zu formulieren und sich seiner vorhandenen Ressourcen bewusst zu werden.

In diesem Fall sind Ratschläge wirklich Schläge – wie das Sprichwort sagt. Neben wohlgemeinten Ideen sollte man sich auch aufdringlicher Gestik und allzu deutlicher Worte enthalten. 'Dahinterbleiben' meint, noch hinter der (nur scheinbaren) Energielosigkeit des Gegenübers zurückzubleiben. Als eine geeignete Haltung hat sich hierbei eine Art 'Beobachterrolle' oder das neugierige und beharrliche Warten (wie ein Detektiv) auf kleinste Hinweise (in Richtung einer Lösungsmöglichkeit) bewährt.

Falls sich Ihr Gesprächspartner zu sehr in die Problemerzählung verwickeln sollte, können Sie ihn nach seinem Ziel in dieser Sache fragen. Obwohl scheinbar eine aktive Intervention, beinhaltet die Zielfrage dennoch das 'Dahinterbleiben', weil der andere nach der Richtung gefragt wird, in die er sich bewegen will. Ist das Ziel klar, folgt die Frage nach den bereits gemachten Erfahrungen beim Versuch, es zu erreichen. Friedmann empfiehlt, dabei eine neugierige Grundhaltung einzunehmen.

Die Haltung des "Dahinterbleibens" kann sich auch darin zeigen, dass man nicht versucht, ein Problem zu lösen, das gar nicht lösbar ist. Es würde dabei nur Energie verbraucht, die zum Ertragen des unlösbaren Problems nötig ist. Dabei kann es helfen, diese drei Kategorien zu unterscheiden:

    a) potentiell lösbare Probleme
    b) unlösbare Probleme, die man ertragen, aushalten oder
       ignorieren muss
    c) nur präventiv lösbare Probleme, die zu unlösbaren
       werden, wenn die Zeit abgelaufen ist, in der noch eine
       Lösung möglich gewesen wäre.

Übung:
Sicher kennen Sie in Ihrer Umgebung einige solcher zurückhaltenden und tiefgründigen Menschen, die in der Naturellwissenschaft als „Sachtypen" oder "Blaues Naturell" bezeichnet werden. Eine typische Eigenart dieser Persönlichkeitstypen ist, sich nur schwer entscheiden zu können – besonders, wenn sie im Ergebnis „Nein" sagen müssten. In einer solchen Situation können Sie üben, sich ebenfalls zurückzuhalten, nicht mit der Entscheidung zu drängeln oder sie dem anderen abzunehmen. Ahmen Sie einfach das Verhalten des Gegenübers nach und beobachten Sie, was geschieht. Bleiben Sie so lange wie möglich 'hinter' ihm – auch wenn er anfängt, sich (langsam) zu bewegen.

7. Dritte Alternativen aus Triaden

Frau Dreier sitzt zwischen zwei Stühlen: Endlich hatte sie ihr Witwendasein abgeschlossen und im Tanzcafé mehrere Männer kennen gelernt. Nun konnte sie sich zwischen zweien von ihnen nicht entscheiden. Mit Alexander war das Tanzen das reinste Vergnügen, er erinnerte sie dabei sehr an ihren verstorbenen Gatten. Aber Bruno war viel zärtlicher und weckte Seiten in ihr, die sie nie zuvor gekannt hatte. Beides wollte sie künftig nicht mehr missen, aber Bruno war kein Freund von Tanzveranstaltungen und Alexander hatte wenig Sinn für Romantik.

Als sie ihrer besten Freundin das Dilemma beichtete, lachte die nur: „Von wegen, du hast nur zwei Möglichkeiten – du hast sogar sechs!". Frau Dreier war baff und bat um Aufklärung. „Schau," meinte die Gefragte verschmitzt, „du kannst a) Alexander nehmen, b) Bruno, c) beide, d) keinen von beiden und dafür einen dritten suchen, der beides hat, was du dir wünschst und e) weiter solo bleiben. Außerdem gibt es noch f) behalte beide und suche dir dazu noch einen dritten." „Nun mach aber mal einen Punkt" entgegnete sie etwas verwirrt. „Schließlich bin ich keine 25 mehr. Aber danke für deine Rechenkünste, ich glaube, ich weiß jetzt, was zu tun ist." Sie fragte Alexander, ob er weiterhin mit ihr tanzen ginge, auch wenn sie ansonsten mit Bruno ihre Zeit teilen würde. Bruno klärte sie darüber auf, wie wichtig ihr Alexander als Tanzpartner sei. Beide Männer konnten mit diesem Arrangement leben und Frau Dreier genoss von da an Tanz und Romantik.

Obwohl es im Beispiel sogar um sechs Alternativen geht, fällt den meisten von uns schon das Erkennen einer dritten Möglichkeit reichlich schwer. Hat man diese dann erst einmal gefunden, wundert man sich oft über die eigene Blindheit.

Aus der Naturellwissenschaft sind eine ganze Reihe so genannter Triaden bekannt; einige davon sind auf der nächsten Seite abgebildet. Sie erleichtern Ihnen vielleicht im einen oder anderen Fall das Finden des 'dritten Weges' und damit den Ausweg aus einem Dilemma.

Die Pfeile zeigen, in welcher Richtung sich erfahrungsgemäß ein Fortschritt ergibt, wenn man von einer der Alternativen zu viel Gebrauch gemacht hat.

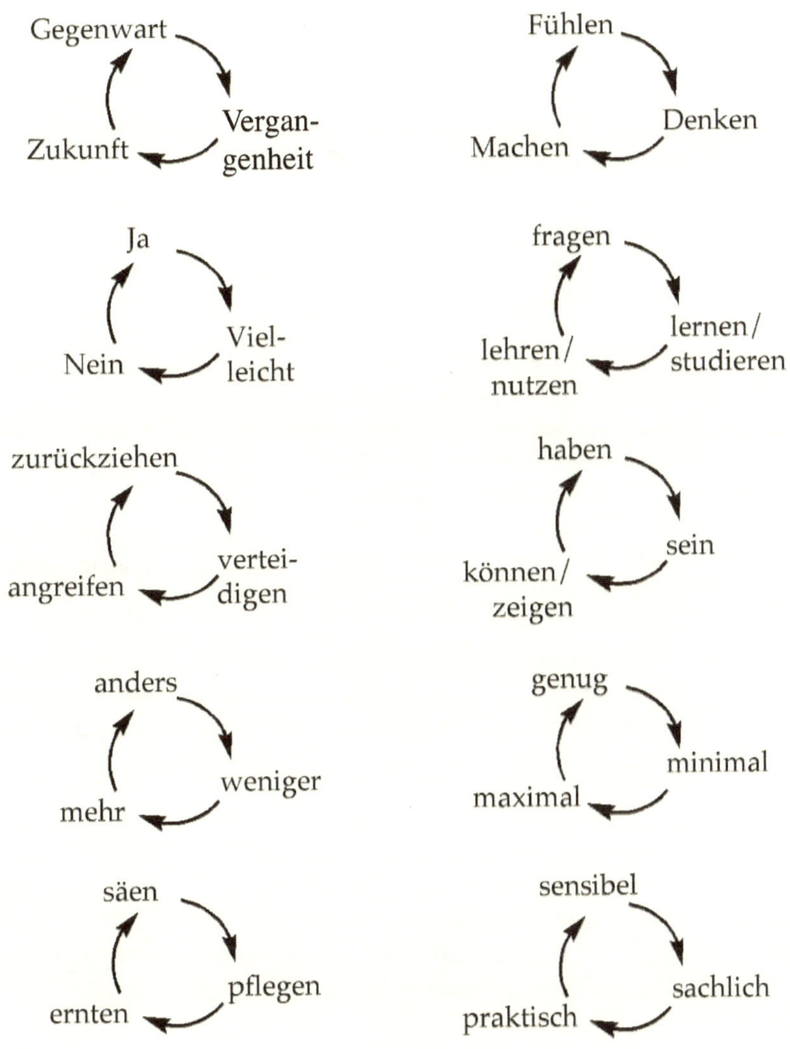

Übung:

Malen Sie sich die obigen Triaden auf ein separates Blatt Papier.

Suchen Sie nun nach Ihrer am häufigsten und am seltensten genutzten Möglichkeit. Versuchen Sie künftig, die vernachlässigten Möglichkeiten zu trainieren und sich zu ermuntern, diese öfters zu nutzen.

Mehr Triaden gibt es hier: http://www.123modell.de/modul035.htm

8. Entdramatisieren

Esther war zwar nie Klassenbeste, sondern eher eine mittelmäßige Schülerin – aber so kritisch wie in diesem Jahr sah es mit der Versetzung noch nie aus. Drei Fünfen drohten fürs Zeugnis. Der Familienfrieden hing schief, weil die Eltern sich Sorgen machten und jedes Tun und Lassen mit Argusaugen überwachten. Sie saß kaum eine Viertelstunde am Computer, schon hieß es „Lern lieber was für die Schule!".

Als sich dann noch eine Nachbarin einmischte, die als Erzieherin in einem Heim für verhaltensauffällige Jugendliche tätig war, wurde es selbst der für Dramatik bekannten Mutter zu viel. Bei deren Vorschlag, das Mädchen einem Psychotherapeuten vorzustellen und strikte Regeln für die Freizeitgestaltung aufzustellen, wurde ihr bewusst: nein, so wollte sie nicht mit ihrer Tochter umgehen, nur weil die Noten nicht stimmten. In Absprache mit ihrem Mann wurde nur der Computer weggeschlossen – sie bekäme ihn sofort wieder, wenn die Versetzung geschafft wäre.

Nach anfänglichem Unverständnis sah das Mädchen den Ernst der Lage ein und respektierte den Schritt der Eltern als Ausdruck deren ernsthafter Sorge um ihre Zukunft. Ohne weiteren Druck änderte sie ihr Lernverhalten und verbesserte sich konstant.

Unnötige Dramatik kann rasch den Blick für das sachlich Notwendige verstellen. Falls Sie also zum Dramatisieren neigen, trainieren Sie Ihren 'kühlen Kopf' – und suchen Sie sich andere Gelegenheiten, Ihr 'dramatisches Element' auszuleben, z.B. in einer Schauspielgruppe, bei politischen Demonstrationen oder in Diskussionsrunden.

Übung:
Als 'paradoxe Übung' könnten Sie einmal normale Schwierigkeiten überdimensional 'aufblasen', bis sie wirklich dramatisch klingen. Dasselbe kann man auch mit sachlichen Pressemeldungen üben.

Oder Sie besorgen sich eine Boulevard-Zeitung und versuchen, die besonders dramatisch aufgemachten Meldungen zu entdramatisieren und auf ihren sachlichen Kern zu reduzieren.

9. Etwas anderes machen

Edda hatte es nicht leicht mit ihren drei halbwüchsigen Kindern. Es gab Tage, da fühlte sie sich wie ein Dompteur im Löwenkäfig. Von dem Gefühl, zuhause zu sein und ihre Ruhe zu genießen, war sie dann weit entfernt. Andererseits gab es auch ganze Wochen, da war es eine einzige Wohltat, eine so große Familie zu haben – die Aufgaben verteilten sich wie am Schnürchen, es wurde viel geredet und gelacht. Beim Beobachten, was sie eigentlich in dieser Zeit anders machte, fiel ihr auf: Aus verschiedenen Gründen hatte sie den Fernsehkonsum der Kinder deutlich eingeschränkt.

John Weakland, ein amerikanischer Psychotherapeut, hat sich angewöhnt, seine Klienten zu Beginn zu fragen, was sie denn bisher versucht hätten, um das Problem zu lösen, das nicht funktioniert hätte. Als Begründung gibt er an, dass er verhindern möchte, erneut etwas zu raten, das schon einmal keinen Erfolg hatte. So gibt es eine größere Chance, etwas anderes zu machen und Bewegung in ein Problem zu bringen.

Steve de Shazer, ein Kollege von Weakland, erkannte, dass in den so genannten Ausnahmen (Zeiten ohne Beschwerde) bereits etwas anders gemacht wird, das öfters wiederholt werden kann. So spart er sich die Mühe, sich an Stelle des Klienten Gedanken zu machen, was denn nun das „etwas andere" sein könnte. Stattdessen gibt es eine einfache Anweisung: „Mehr von dem, was funktioniert."

Denn das ist offenbar schon 'anders' genug. Gibt es noch keine Ausnahmen, rät er: „Machen Sie irgendetwas anders." – was letztlich funktioniert, wird sich zeigen.

Übung:
Versuchen Sie, eine gewohnte Route (z.B. einen Spazierweg, die Strecke zur Arbeit, den Weg zum Einkaufen) mehrmals zu variieren.

Beobachten, Notieren und Fotografieren Sie, was Sie dabei an neuen Eindrücken und Empfindungen erleben.

Gehen Sie in einer Bibliothek oder Buchhandlung in eine Abteilung, die Sie bisher noch nie aufgesucht haben und blättern Sie dort in einigen Büchern, nach denen Sie normalerweise nie greifen würden.

10. Etwas Sinnvolles machen

Dr. Ettinger hatte wirklich Pech: Beim Skifahren rutschte ihm ein verlorener Stock in den Weg, er überschlug sich und landete mit komplizierten Beinbrüchen im Krankenhaus. Dabei sollte er doch in den nächsten Wochen die lange geplante Fusion mit einem ausländischen Konkurrenten managen.

Als er hörte, dass er noch mindestens vier Wochen auf den Rollstuhl angewiesen sein würde, wäre er fast verzweifelt. Seine Frau allerdings brachte ihn auf eine hervorragende Idee: Statt wie geplant in zwei Jahren, beschloss er, sich sofort aus der Geschäftsleitung zurückzuziehen und den bereits dafür ausgewählten Prokuristen nachrücken zu lassen. Dieser war zwar etwas überrascht, fand sich dann aber sofort zu täglichen Besprechungen bereit, um alle weiteren Schritte abzuklären. Telefonisch und per E-Mail gab Dr. Ettinger Anweisungen und ebnete seinem Nachfolger wo nötig den Weg. Die Zeit im Rollstuhl verflog im Nu und ihm wurde klar, dass er durch dieses 'Unglück' den Ausstieg aus dem Arbeitsleben nun mit Leichtigkeit geschafft hatte.

Probleme wünschen sich naturgemäß viel Aufmerksamkeit und scheinen mit der Zeit ein Eigenleben zu entwickeln. Damit rauben sie ihren 'Inhabern' jede Menge Energie und bringen es häufig sogar noch zu Nachwuchs. Etwas Sinnvolles zu tun lässt sie zwar nicht sofort verschwinden, aber sie verkrümeln sich ohne dauerhafte Zuwendung bedeutend leichter.

Übung:
Zu den meist sinnlosen Beschäftigungen zählt z.B. das Grübeln. Wenn Sie sich mit einem zurzeit unlösbaren Problem quälen, lassen Sie es für einen Moment sein und machen Sie irgendetwas Sinnvolles, z.B. etwas, das Sie sowieso früher oder später machen würden.

Beobachten Sie dabei, was mit Ihrer Haltung gegenüber dem Problem geschieht. Wenn es Ihnen damit besser geht als zuvor, dürfen Sie anschließend darüber nachgrübeln.

11. Etwas Verrücktes machen

Edwards Familie hatte schon manches mitgemacht: Zuerst wollte er ins Kloster gehen, dann zog er einen Sommer als Straßenmusikant durch halb Europa – nun meldete er sich per Brief aus einem italienischen Bergdorf, berichtete begeistert vom Leben in einer Kommune mit eigenem Geld, eigener Religion und politischer Autonomie. Er bat darum, sein Erbe ausbezahlt zu bekommen, denn die Gruppe bräuchte dringend „finanzielle Energie", so drückte er sich aus. Edwards Vater wurde es nun zu bunt; ihn ärgerte es, dass sein naiver und beeinflussbarer Sohn die nächsten Jahre damit zubringen sollte, Schüsseln zu töpfern und als Schaf in der Herde eines verträumten Gurus mitzutrotten. Gemeinsam mit Edwards Patenonkel einigten sie sich auf eine Strategie: Sie würden einen Kleinbus mieten, unangekündigt in das Bergdorf fahren und ihm einen Familienbesuch abstatten. Tatsächlich fanden sich 18 Personen bereit, mitzumachen und zu sehen, was geschehen würde.

Edward fiel aus allen Wolken, als der Bus im Kommunendorf hielt und lauter bekannte Gesichter in der Töpferwerkstatt vor ihm standen. Noch Jahre später erzählte er davon, dass er ohne diese Verrücktheit seines Vaters seinen gesunden Menschenverstand und einen Teil seines Lebens verloren hätte. Zwei Wochen nach dieser Aktion verließ er nämlich die Kommune und fuhr nach Hause zurück.

Wie verrückt letztlich etwas sein muss, um den gewünschten Erfolg zu erzielen, hängt von der Verrücktheit des Problems ab. Auf jeden Fall kann es manchmal wirkungsvoller sein, als über den Verstand zu argumentieren. Wer sich verrückt verhält, versteht vielleicht nur ein ähnlich verrücktes Verhalten angemessen zu deuten.

Übung:
Bitte praktisch nur in Notfällen üben, sonst finden Sie sich womöglich in einer Polizeiwache oder Anstalt bzw. vor Gericht wieder.

Sie können aber durchaus einmal Ihre Fantasie spielen lassen und sich für den einen oder anderen "verrückten" Fall, der Ihnen begegnet eine ebenso "verrückte" Intervention ausdenken.

In den Büchern Milton Ericksons gibt es einige spannende Beispiele dazu, wie dieser innovative Arzt mit "verrückten" Patienten umgegangen ist und sie dadurch kuriert hat.

12. Etwas weglassen

Ella hatte mit 14 zum ersten Mal Heuschnupfen. Jahr für Jahr wurde es schlimmer, bis sie mit Mitte Zwanzig fast an ihren Asthma-Anfällen zu ersticken drohte. Von einem alten Doktor bekam sie schließlich den Rat, doch einmal für eine Zeitlang auf tierische Eiweiße zu verzichten. Da die bisherige Medikation keine Besserung brachte, ging sie darauf ein. Tag für Tag wurden ihre Beschwerden weniger, bis sie nach zwei Wochen das erste Mal seit langem wieder ohne Probleme atmen konnte. Als Probe aufs Exempel trank sie ein Glas Milch – die Sache begann erneut.

Emil hatte viel zu wenig Zeit, allen seinen Hobbys nachzugehen. Als eines Tages der Fernseher streikte, beschloss er, sich erst in drei Monaten einen neuen zu kaufen, falls er ihn wirklich vermissen würde. Nach einer zugegeben harten Phase der Abgewöhnung gelang es ihm tatsächlich, mit der nun freien Zeit sinnvoll umzugehen und seinen Informationsbedarf mit dem Radio zu decken. Sieben Jahre später lebte er immer noch 'ohne', dafür hatte er seine Hobbys umfassend gepflegt.

Könnte man das 'Weglassen' in der Apotheke kaufen oder per Rezept verschreiben, hätte es dieses universelle Lösungswerkzeug sicher schon zu größerer Berühmtheit gebracht.

Häufig geht das 'Weglassen' nämlich neben dem wesentlich bekannteren „viel hilft viel" unter. Selbst langjährige Psychoanalyse-Patienten berichten, dass die Lösung genau dann eintrat, als sie sich entschlossen, künftig ohne Analytiker auszukommen und stattdessen selbst auf ihr seelisches Gleichgewicht zu achten.

Immer wieder liest man auch von Journalisten, die über Experimente schreiben, in denen Sie (z.B. während der Fastenzeit) etwas bewusst weglassen: Smartphone- oder Facebook-Nutzung, Alkohol, Fleisch, die Zigaretten etc.

Übung:
Lassen Sie einmal versuchsweise für zwei Wochen etwas Gewohntes (z.B. Kaffee, Schokolade, Zigaretten, Alkohol, Überstunden, Zucker, lange Telefongespräche) weg. Beobachten und notieren Sie genau, was geschieht und woran Sie (und andere in Ihrer Umgebung) den Unterschied bemerken.

13. Externalisieren

Der Psychologe Michael White machte die Entdeckung, dass sich Kinder leichter vom Problem des Einkotens verabschieden, wenn er von einem „Sneaky Poo" spricht (einem 'Quälgeist'), der das Kind irgendwie dazu bringt, in die Hose zu machen. Das heißt, er löst das Problem vom Kind (externalisiert) und kann es dadurch 'behandeln', ohne dass der kleine Patient sich persönlich betroffen fühlen muss. Er rät auch den Familienmitgliedern, sich diesem Sprachgebrauch anzupassen („Heute hat dich Sneaky Poo anscheinend in Ruhe gelassen").

Wenn in manchen Kulturen von Geistern, Flüchen, Zaubersprüchen etc. im Zusammenhang mit Krankheiten gesprochen wird, ist das letztlich nichts anderes: Das Leiden kommt von einem unbekannten äußeren Einfluss, der dann gebannt oder beschwört werden kann. Ähnliches (wenn auch unter anderen Vorzeichen) geschieht manchmal, wenn entdeckt wird, dass eine bisher als „psychische Störung" fest mit dem Patienten verankerte Beschwerde 'nur' die Folge einer Arsen- oder Amalgamvergiftung ist. Dadurch löst sich ebenfalls das Problem von der Person und verliert viel von seinem Schrecken (auch für die Angehörigen).

Übung:
Testen Sie gelegentlich, wie Ihre Kollegen oder Freunde reagieren, wenn Sie auf ein Kompliment oder einen Erfolg so reagieren, als ob die Ursache für Ihre Fähigkeit/Schönheit/Freundlichkeit außerhalb ihrer Person läge (z.B. mit der Behauptung „dafür ist mein russischer Wunderdoktor verantwortlich, der hat mich verzaubert").

Solche Externalisierungen lassen sich (im positiven Fall) auch gut mit Komplimenten verbinden, etwa wenn man für eine gute Arbeit gelobt wird und dann als Ursache für das Gelingen den Auftraggeber mitverantwortlich macht ("Für Sie arbeite ich besonders gerne, da läuft es gleich nochmal besser").

14. Forschen

Franziska quälte sich seit einigen Monaten mit ihren Pickeln im Gesicht; und das, obwohl sie die 30 schon weit überschritten hatte. Zuerst dachte sie an eine allergische Reaktion; ihr Freund meinte, die Schokolade sei schuld.

Um dem Phänomen auf die Spur zu kommen, begann sie mit einer privaten Forschungsarbeit. In einem Pickel-Tagebuch verzeichnete sie täglich Anzahl und Größe der Störenfriede. Parallel experimentierte sie mit diversen Seifen, ließ mal den Kaffee, dann die Schokolade weg. Tatsächlich gab es (so stellte sie nach drei Monaten fest) pickelfreie Wochen. Das Muster dabei war stets dasselbe: keine parfümierten Seifen, keine dunkle Schokolade und keine bevorstehende Menstruation. Nun wurden einige Zusammenhänge klar und ihr größtes Problem bei dieser Sache – sich hilflos zu fühlen – war gelöst.

Wer sich als Forscher begreift, entkommt der Patienten-Haltung (passiv, ausgeliefert, dumm). Gute Ärzte und Therapeuten nutzen die Ressourcen ihrer 'Kunden', indem sie diese zur Mitarbeit auffordern („beobachten und berichten Sie mir alles, was Ihnen irgendwie weiterhilft").

Forschen heißt Lernen, doch wenn man lernen will, ist der erste (und vielleicht schwerste) Schritt, sich seine Unwissenheit einzugestehen. Idee: Beschränken Sie sich zunächst nur auf einen interessanten Teilbereich des Forschungsgegenstandes und dokumentieren Sie Ihre Lernfortschritte.

Leider ist das Forschen in unserer Kultur als Freizeitbeschäftigung kaum noch üblich; vielleicht deshalb, weil das Forschen als "Beruf" angesehen wird und man seiner eigenen Neugier und seinem eigenen Verstand zu wenig zutraut.

Übung:
Trainieren Sie Ihren Forschergeist bei nächster Gelegenheit: etwa, wenn Ihnen ein bestimmter Sachverhalt nicht ausreichend klar ist oder wenn ein Kind Sie etwas fragt, das Sie nicht befriedigend beantworten können; benutzen Sie auch die Bibliothek und das Internet für Ihre Recherchen.

Diese Übung kann auch zu zweit oder in einer Gruppe durchgeführt werden.

15. Frechheit

Freddy traute seinen Augen nicht: Im Schreiben der Behörde wurde er aufgefordert, sich innerhalb von drei Monaten eine Zivildienststelle zu suchen. Seit er vor sieben Jahren als Kriegsdienstverweigerer anerkannt worden war, hatte er nichts mehr zur Sache gehört. Inzwischen war er selbständig und konnte sich auf keinen Fall eine längere Auszeit leisten; er musste Kredite bedienen – seine kleine Firma würde so etwas nicht überleben. Der Beamte am Telefon verwies auf die Rechtslage: Wenn er sich selbständig gemacht habe, ohne seinen Zivildienst zu leisten, sei das allein sein persönliches Risiko.*

Auch der Rechtsanwalt machte ihm wenig Hoffnung. In seiner Verzweiflung rief er schließlich direkt bei der Bundesregierung an. Man verband ihn von einem Ministerium zum nächsten, immer wieder trug er seine Geschichte vor und bat um Tipps. Schließlich hatte er Glück: Eine Beamtin kannte tatsächlich eine Ausnahmeregelung, die auf seinen Fall zutraf. Seine frech-forsche Art und Hartnäckigkeit hatte sich gelohnt und ihn so vor einer existenziellen Krise bewahrt.

Frechheit hat etwas mit Unbefangenheit zu tun; kleine Kinder sind häufig sehr direkt und gewinnen damit ihr Gegenüber. Ihnen wird eine Portion Dreistigkeit in der Regel auch verziehen. Bei manchen Schwierigkeiten kann daher Frechheit wie eine Geheimwaffe wirken – bei einem Erwachsenen rechnet man nicht mehr damit. Aber Achtung: Sie darf nicht bösartig bzw. zu fordernd sein oder gar etwas verlangen, was unmöglich ist.

Übung:
Wenn Sie sich das nächste Mal über ein fehlerhaftes Produkt oder eine schlampig ausgeführte Dienstleistung ärgern, greifen Sie zum Telefon und versuchen Sie, Ihre Beschwerde möglichst weit oben in der Hierarchie (Geschäftsführer, Verkaufsleiter) vorzubringen. Testen Sie dabei, wie 'frech' Sie sein müssen, damit man Sie weiter verbindet.

* Zur Zeit der Niederschrift dieses Beispiels gab es in Deutschland noch die Pflicht für jeden jungen Mann, entweder zur Armee zu gehen oder einen "Ersatzdienst" zu leisten. Diese Geschichte hat der Autor selbst erlebt.

16. Gedanken ändern

Bis zu seinem 50. Lebensjahr glaubte Gregor fest an die Prinzipien des Sozialismus. Der Sinn seines Lebens bestand darin, den Kapitalismus zu bekämpfen, wo immer es ging – bis er Karla traf. Sie war nicht nur die erste Unternehmerin, die er persönlich kennen lernte, sondern auch die erste Nicht-Sozialistin, die ihn zum Nachdenken brachte und seine Argumente ernst nahm, ohne ihnen sofort naiv zu verfallen.

Durch die andauernde Freundschaft mit Karla schlichen sich neue Gedanken in seine bis dahin festgefügten Leitsätze. Verdutzt sahen ihn die Genossen im Parteivorstand an, als er sie daran erinnerte, dass man ohne steuerzahlende Unternehmer in der Stadt auch keine Sozialleistungen bestreiten könne. Immer öfters ertappte er sich dabei, wie er Karlas Position einnahm und ihre Stimme mit der seinen diskutierte.

Gedankengebäude sind in der Regel nicht so stabil, wie sie wirken; häufig handelt es sich dabei um eine Art Hollywood-Fassade. Ungelöste Probleme können aus fest gefügten Gedankenabfolgen resultieren. Eine Lösung bleibt so außerhalb der (denkbaren) Möglichkeiten.

Wie nimmt man neue Gedanken auf? Häufig sind es vertrauenswürdige Menschen (auch Autoren!), die unseren Horizont öffnen und weiten. Wenn Sie also merken, dass Sie in Gedankenkreisen festhängen, bitten Sie gute Freunde, Ihren Partner oder professionelle Ratgeber darum, Ihnen ungeschminkt ihre Gedanken zu Ihrem Problem mitzuteilen. Nehmen Sie dabei eine offene Haltung ein und lassen Sie neue Gedankengänge zu.

Übung:
Beim nächsten (sachlichen) Streit bitten Sie Ihren Kontrahenten darum, vorübergehend dessen Rolle einnehmen zu dürfen. Er soll dagegen Ihre Meinung vertreten. Dann streiten Sie weiter und beobachten, was mit Ihrer beider Sichtweisen geschieht.

Streitschlichter, Mediatoren oder Paarberater mögen diese Übung. Sie funktioniert einfacher, wenn es eine dritte, neutrale Person gibt, die als Moderator und Beobachter fungiert.

Deshalb ist sie auch in Familien (oder WGs) nutzbar, falls nicht alle Anwesenden in die zu klärende Geschichte verwickelt sind.

17. Gegenüber ('Beichte')

Gina plagte ein schlechtes Gewissen. Obwohl sie mit John glücklich verheira-
tet war, ging sie zwei- bis dreimal im Jahr (meist während ihr Mann auf Ge-
schäftsreisen war) heimlich auf Disko-Tour. Wenn das ihre Mutter oder ihre
Geschwister wüssten – sie würde vor Scham im Boden versinken. Als brave
Ehefrau flirtete man nicht nachts an der Bar mit gut aussehenden Tänzern,
sondern saß still zu Hause vor dem Fernseher. Andererseits machte es ihr
Spaß, sich für einige Zeit als Single zu fühlen und Interesse auf sich zu zie-
hen.

Als sie auf einer nächtlichen Nachhausefahrt schließlich fast in einen Graben
fuhr, nahm sie das als Wink des Schicksals und beschloss, mit jemand darüber
zu reden. Sie weihte ihre alte Patentante ein und war erstaunt, als diese hell
auflachte: „Das hat doch deine eigene Mutter in jungen Jahren selbst gemacht.
Wir alle wissen das, nur vor dir und vor deinem Vater hat sie es stets geheim
gehalten." Gina fühlte sich deutlich leichter, gleichzeitig stieg ihr Respekt vor
ihrer Mutter.

Das Beichten, das Offenbaren von Geheimnissen, ist eine der ältesten
eigentherapeutischen Methoden. Im Grunde lässt sich auch eine Psychoanalyse, ein Gespräch mit einem Anwalt oder eine Selbstanzeige
beim Finanzamt als Beichte einordnen. Verschwiegenheit (plus eine
möglichst ausgeprägte Fähigkeit zur Toleranz) des Gegenübers erleichtern dabei die Vertrauensbildung. Daher sollte der 'Beichtvater'
auch entsprechend sorgfältig ausgewählt werden.

Sicher nicht zufällig hat etwa in der katholischen Kirche die Beichte
eine so lange Tradition und wird von vielen, die sie praktizieren, als
befreiend und erleichternd erlebt. Dass hier ein "Zuviel" auch schädlich sein kann, versteht sich von selbst, ebenso, dass eine großes Potential an Machtmissbrauch entsteht (auch im psychotherapeutischen
Bereich oder bei der "Beichte" im Freundeskreis).

Übung:
Falls es Ihnen zu schwer fällt, mit einer bekannten Person über etwas
Belastendes zu reden, machen Sie einen Termin bei einem Seelsorger,
psychologischen Berater oder Therapeuten. Oder Sie rufen die Tele-
fonseelsorge an bzw. wenden sich an die Briefseelsorge. Auch über
spezielle Internet-Foren (z.B. www.hilferuf.de) bekommt man eventuell hilfreiche Rückmeldungen.

18. Geheimhalten

*Herr Gandalf hat eine große Schwäche: Er geht für sein Leben gern ins Spiel-
casino. Dabei ist es weniger der mögliche Gewinn – vielmehr reizt ihn die
besondere Spannung dieses Ortes. Sie bildet einen ausgleichenden Kontrast
zu den täglichen Ritualen in seiner Behörde. Allerdings wäre es ihm überaus
peinlich, von Bekannten dort gesehen zu werden.*

*Also nutzt er seine Kenntnis aus der Hobby-Schauspielerei, um sich vor einem
Casino-Abend zu tarnen. Mit graumelierter Perücke, dunklem Schnurrbart
und dickrandiger Brille erkennt er sich fast selbst nicht mehr. Außerdem
spricht er dort mit norddeutschem Dialekt, was er sonst stets umgeht. Einmal gelang ihm sogar das Kunststück, mit dem ebenfalls anwesenden Ver-
waltungsleiter Dr. Matzen zu plaudern, ohne ins Schwitzen zu kommen. Die
Kunst der Geheimhaltung verdankt er auch seinem Großvater. Der hatte ihm
einen Leitspruch mit auf den Weg gegeben: „Lüge nur in Notfällen, schweige
bei Bedarf!".*

Genauso wie die Beichte kann auch das bewusste Geheimhalten eine
Lösung darstellen. Hier zeigt sich einmal mehr die Eigenart von Uni-
versalschlüsseln: Erst durch deren Anwendung findet man heraus, ob
sie für den jeweiligen Fall nützlich sind. So kann es genauso schädlich sein, alles (z.B. seinem Partner) zu erzählen wie alles geheim zu
halten. Wenn man sich beides offen hält, kann man es vorher gedanklich durchspielen und je nach Ergebnis die eine oder andere Möglichkeit wählen.

Ein Mittelweg wäre die Niederschrift in ein Tagebuch. Dabei erleichtert man sein Gehirn, vermeidet aber möglicherweise entstehende Verwicklungen, die auch bei einer noch so anonymen Beichte vor einem
Gegenüber nie ganz ausgeschlossen werden können. Im Internet gibt
es Möglichkeiten, ein Tagebuch zu schreiben, ohne dass jemand anderes es einsehen kann.

Es gibt auch Menschen, die für sich selbst eine Geheimschrift erfinden, um sich Notizen zu machen, die niemand sonst lesen kann – auch
nach dem eigenen Tod.

Übung:
Was immer Sie machen, um das zu üben, halten Sie es geheim!

19. Gelüsten folgen

Gerda hatte während der Schwangerschaft so gut wie keine Gelüste verspürt. Während die anderen Mütter in der Stillgruppe von Gummibärchen-, Gurken- oder Zwiebelfressorgien berichten konnten, tauchte dieses Phänomen bei ihr erst in den letzten beiden Wochen auf. Bei ihr war es vor allem Rindfleisch und gebratene Leber – ein Umstand, der ihr gar nicht gefiel. Hörte man nicht von allen Seiten immer wieder, wie risikoreich gerade diese Lebensmittel wären? Die Metzgereiverkäuferin sah sie zunächst etwas verwundert an, als sie den fünften Tag in Folge ihre Favoriten kaufte; dann meinte sie verständnisvoll: „In Ihrem Zustand wird Ihnen sicher Zink und Vitamin B12 fehlen – da kaufen Sie für sich und das Baby genau das Richtige!“. Gerda war überrascht, denn daran hatte sie noch gar nicht gedacht; sie musste mit der Frauenärztin darüber reden, was sie noch tun könnte.

Nicht nur in körperlicher Hinsicht können Gelüste uns auf Mangelsituationen aufmerksam machen, die wir sonst nicht wahrnehmen würden. Vor allem, wenn uns (Ernährungs-) Tabus daran hindern, ihnen nachzugehen, können daraus ernsthafte Beschwerden entstehen. Dabei lässt sich häufig zwischen 'Inhalt und Verpackung' unterscheiden – wie im obigen Beispiel, bei dem ja die Gelüste vor allem bestimmten Inhaltsstoffen eines Lebensmittels zu gelten scheinen. Wenn es Ihnen also z.B. im Winter nach Sonne gelüstet, müssen Sie nicht gleich verreisen – gönnen Sie sich doch einfach einen Besuch in einem Solarium, das auch Geräte hat, mit denen die Vitamin-D-Produktion der Haut angeregt wird (der Mangel an Vitamin D ist ein häufiger Grund, weshalb jemand den Wunsch nach mehr Sonne entwickelt).

Übung:
Achten Sie einmal besonders darauf, wonach es Sie gelüstet – auch wenn es Speisen oder Aktivitäten sind, die Sie normalerweise meiden.

Gehen Sie bewusst auf einen Markt oder in ein Geschäft mit großem Angebot. Forschen Sie nach, welche Bestandteile der bevorzugten Lebensmittel Ihnen aktuell fehlen könnten und versuchen Sie, diesen Mangel auf eine Art auszugleichen, die für Sie machbar ist. Im Internet finden Sie einen kostenlosen und anonymen Test, der das herauszufinden hilft auf www.heisshungertest.de, ebenso gibt es entsprechende Listen im Buch "Heißhunger ist gesund".

20. Gemeinsame Ziele suchen

Gitta und Gunter sind am Ende ihrer Beziehung. Ihre Vorstellungen klafften im Laufe der Jahre immer mehr auseinander. Gitta sprach nur noch von ihrem Kinderwunsch und Gunter war oft geschäftlich unterwegs. Der Paarberater ließ sie alle Ziele notieren, die sie sich von ihrer Partnerschaft erhofften. Beim Austausch darüber zeigte sich, dass kaum eines davon übereinstimmte. Die einzige Gemeinsamkeit war, so stellte sich im nachfolgenden Gespräch heraus, dass sie auf eine Weise auseinandergehen wollten, die keinen unnötigen Streit verursachte. Gemeinsam wurde ein Trennungsplan entwickelt und die unklaren Punkte geklärt.

Ob in einer geschäftlichen oder partnerschaftlichen Beziehung – stets werden die Ziele der Beteiligten einen entscheidenden Einfluss ausüben. Dabei ändern sich im Laufe der Zeit oft Schwerpunkte und Interessen (und damit auch die Ziele). Solange diese sich nicht gegenseitig ausschließen, lässt sich die Gemeinsamkeit durchaus erhalten. Das gemeinsame Ziel könnte dann sein, den jeweils anderen bei der Erreichung seiner Ziele zu unterstützen. Dadurch wird ein anpassungsfähiges 'Meta-Ziel' eingeführt, das eine zeitlich sehr stabile Kooperation bewirken kann.

Widersprechen sich aber die Ziele oder stellen diese die Gemeinsamkeit in Frage, bleiben oft nur noch die einvernehmliche Auflösung der bisherigen Gemeinschaft und der Erhalt der zwischenmenschlichen Beziehung als Ziel übrig.

Übung:
Die Teilnehmer (z.B. einer Teambesprechung) notieren sich, welche Zielsetzungen sie bei den anderen vermuten. Gleichzeitig schreibt jeder seine eigenen Ziele auf. Dann legt man beides offen und sucht nach Übereinstimmungen oder Unterschieden.

Eine Übung für politisch interessierte Leserinnen und Leser: Besorgen Sie sich die Parteiprogramme verschiedener Parteien und achten Sie beim Lesen darauf, ob sich deren Ziele mit Ihren eigenen decken bzw. widersprechen. Oder achten Sie auf Ähnlichkeiten zwischen den Zielsetzungen verschiedener Parteien.

21. 'Gleiches mit Gleichem – positiv'

Der kleine Gustav hatte sich angewöhnt, mit seinem Teller unter dem Tisch zu verschwinden und dort zu essen. Alle Versuche, ihn zurück nach oben zu locken, scheiterten. Schließlich folgten beide Eltern dem Rat eines Therapeuten und setzten sich zu ihrem Kind unter den Tisch. Auf die Verwunderung des Jungen hin sagten sie: „Da du stets hier deine Mahlzeiten einnimmst, dachten wir, es muss viel schöner unter dem Tisch sein als oben – und tatsächlich, du hast Recht!". Von da an aßen sie alle drei wieder oben.

Im Gegensatz zum eher haltungsorientierten „Tit for Tat" (Nr. 75) ist 'Gleiches mit Gleichem – positiv' ein verhaltensorientiertes Werkzeug. Es kann sowohl in spontaner Reaktion als auch mit geplantem Vorgehen verwendet werden. Es geht auch nicht um "Auge um Auge, Zahn um Zahn", also um ein Verhalten auf gleichem (negativem) Niveau.

Es gilt stattdessen: In kooperativer Absicht eine Veränderung anstreben! Können oder wollen Sie nicht kooperieren, ist es besser, Sie ziehen sich ganz zurück. Auch wenn Sie nur gewinnen möchten, laufen Sie Gefahr, am Ende als Verlierer dazustehen. Da es sich hier um so genannte „paradoxe Vorgehensweisen" handelt, sollte auch der Humor nicht ganz ausgeblendet werden, d. h., seien Sie bereit, auch über die Situation zu lachen, wenn sie sich unerwartet entwickelt.

Übung:
Versetzen Sie sich probeweise in die Lage eines Menschen, der Sie (Ihrer Meinung nach) öfters absichtlich ärgert. Überlegen Sie, wie Sie ihm bewusst Gelegenheit bieten können, dies wieder zu tun. Beobachten Sie dann beim nächsten Mal den Ablauf genau und versuchen Sie nach Möglichkeit, den 'Nutzen' des anderen noch etwas zu steigern (z.B, indem Sie sich besonders ungeschickt anstellen). Somit kommen Sie auf die aktive Seite und können die Szene evtl. mit beeinflussen.

Da dieses Werkzeug sehr "mächtig" ist und man dadurch andere massiv manipulieren kann, scheint es angeraten, zunächst mit eher harmlosen Übungen zu beginnen und die Wirkung zu beobachten. Also es nicht gleich in der eigenen Familie, Partnerschaft oder Firma auszuprobieren, sondern eher in kleinen Alltagsbegegnungen, bei denen man anderen Menschen, über die man sich spontan eher ärgern würde, auf diese Weise "entgegenkommt" und der Interaktion dadurch einen Teil ihrer potentiell schädlichen Wirkung nimmt.

22. Gleichgewicht wiederherstellen

Geli hatte sich viel Mühe gegeben und für ihre Kinder hübsche Mobiles gebastelt. An feinen Fäden hingen, gleichmäßig an filigranen Stäben befestigt, Figuren aus Glas und Stoff. Beim leisesten Windzug bewegten sie sich wie Tänzerinnen aus „Schwanensee". Am nächsten Morgen weckten sie die Kinder empört – alle drei Kunstwerke hingen scheinbar heillos verwirrt senkrecht von der Decke. Für die Kleinen schien es, als ob alles zerstört sei und die wundersame Harmonie nicht wieder herstellbar wäre. Doch Geli stieg einfach kurz auf den Stuhl, rückte an einer Stelle die Fäden zurück an den richtigen Platz – und wie durch Zauberhand pendelten sich alle Figuren wieder in ein perfektes Gleichgewicht.

Zu viel an Gleichgewicht (bzw. zu lange Phasen davon) können leicht in Langeweile und Stagnation umschlagen. Eine gesunde Portion an Spannung und Aufregung scheint dagegen die Lebensqualität der meisten Menschen zu heben. Jedoch kann es passieren, dass – obwohl jeder Lebensbereich für sich im Lot ist – im Zusammenspiel der subjektive Eindruck eines Ungleichgewichts und lähmende Unzufriedenheit entsteht (etwa durch eine bestimmte Gewichtung zu Gunsten weniger Bereiche). Hier hilft vielleicht der Vergleich mit früheren, zufriedenstellenden Zeiten beim 'Zurechtrücken'.

Auch der Dichter Friedrich Schiller scheint dieses Spannungsfeld gekannt zu haben, da er schreibt: "Strebe nach Ruhe, aber durch das Gleichgewicht, nicht durch den Stillstand deiner Tätigkeit." Zwischen welchen Polen sich so ein Gleichgewicht einstellt, dürfte je nach Lebenslage und Mensch verschieden sein. Vielleicht helfen hier einfache Kategorien wie "Nützliches – Schönes – Interessantes", um auszuloten, wovon man eher zu viel oder zu wenig im Leben hat?

Übung:
Falls Sie keine Lust spüren, ein Mobile zu basteln, erinnern Sie sich an eine Zeit in Ihrem Leben, über die Sie im Rückblick den Eindruck gewinnen, es wäre alles im perfekten Gleichgewicht gewesen. Machen Sie sich einige Notizen zu den Faktoren, die zu diesem Zustand beigetragen haben, und vergleichen Sie diese dann mit Ihrer heutigen Situation. Wo besteht im Vergleich ein Über- oder Untergewicht, das Sie vielleicht nicht ausreichend beachten?

23. Grundbedürfnisse erfüllen

Seit Frau Groß ihre gewohnte Wohnung aufgegeben hatte und ins Altenheim gezogen war, fühlte sie sich nicht mehr richtig wohl. Im Gespräch mit dem Heimseelsorger klagte sie diesem ihr Leid. Sie war überrascht, als er sie aufforderte, alle Dinge zu nennen, die ihr an ihrem alten Zuhause gefallen hatten. Immer wieder fragte er nach „noch etwas?", bis seine Liste über zwanzig Punkte lang war.

Nun sollte sie einen Haken hinter alles machen, was auch im Altersheim noch ähnlich gut oder besser sei wie früher. Schließlich blieben nur fünf Sachen übrig, die ihr fehlten. An zweien ließ sich beim besten Willen nichts ändern, anderes schon: Bald hatte sie einen dunkleren Vorhang, ein Lämpchen am Bett und eine Möglichkeit gefunden, sich Bücher aus der Ortsbibliothek bringen zu lassen. So langsam begann Sie, die Vorteile des Heimlebens zu genießen.

Nicht erst seit der „Bedürfnispyramide" von Abraham Maslow ist die Bedeutung erfüllter Grundbedürfnisse für unser psychisches Wohlbefinden bekannt. Dazu zählen u. a.: Hunger, Durst, Atmung, Bewegung, sexuelle Befriedigung, Sicherheit, Zuneigung, Kontakt, Ansehen, Verwirklichung, Entwicklung der eigenen Fähigkeiten. Dabei hat jeder Mensch seine individuelle Rangliste und das im Augenblick Fehlende fehlt ihm besonders. Treffend drückt es folgender Aphorismus aus: „Dem Hungrigen kann Gott nur als Brot erscheinen". Manchmal wird uns aber erst klar, was gefehlt hat, nachdem es (wieder) da ist.

Als Gegenstück könnte der Vers von Pablo Neruda dienen: "Vom Brot erwarte ich nicht, mich zu belehren, sondern dass es nicht ausgeht." Was wohl bedeuten soll, dass man besser unterscheiden (und damit würdigen) lernen kann, von wem oder aus welcher Tätigkeit man welche Art von Bedürfnisbefriedigung erwarten darf und welche nicht. Dies kann sicher der einen oder anderen Enttäuschung und Unzufriedenheit vorbeugen helfen.

Übung:
Erstellen Sie eine Checkliste mit allen Faktoren, die für Sie bekanntermaßen zu einem problemfreien, reizvollen und reichhaltigen Leben beitragen; bewerten Sie dann mit einer Skala von 1-10 den aktuellen Stand. Überlegen Sie sich, was Sie zur Verbesserung der am schlechtesten bewerteten Punkte aktiv unternehmen können.

24. Haltungsänderung

Harkan ist ein Mensch, der sehr unter seinen Fehlern leidet. Stets ist er bedacht, alles genau zu planen und mit Vorsicht an unbekannte Dinge heranzugehen. Lieber nimmt er sich noch etwas Zeit, bevor er aktiv wird. An seinem Arbeitsplatz im Kraftwerk kommt ihm diese Fähigkeit besonders zugute – dort hätte jedes übereilte Verhalten enorme Folgen.

Beim Kartenspiel mit den Kollegen in der Mittagspause ist er aber nicht mehr wieder zu erkennen: Mutig setzt er auf Risiko und verblüfft seine Spielpartner durch überraschende Wendungen in der Strategie. Sein Geheimnis: Er versetzt sich in eine Haltung, die er von seiner Frau abgeschaut hat. Sie schafft es damit 'spielend', alle vier Kinder im Griff zu behalten und nicht im Durcheinander unterzugehen.

(Innere) Haltungen sind meist unbewusste Muster. Dabei macht es einen großen (Haltungs-) Unterschied, ob jemand mit Kindern spielt oder sich auf eine Prüfung vorbereitet. Die Lösungskapazität verschiedener Haltungen liegt darin, dass manchmal das Problem allein durch eine unpassende Haltung am Leben erhalten wird. Je mehr Haltungsvarianten (oder -reserven) ein Mensch bewusst einnehmen kann, desto größer die Wahrscheinlichkeit, dass er eine zur Situation passende findet.

Übung:
Beobachten Sie sich in unterschiedlichen Situationen hinsichtlich Ihrer inneren Haltung (z.B. beim Friseurbesuch, in einer unerwarteten Warteschlange, beim Lesen eines spannenden Buches). Geben Sie diesen verschiedenen Haltungen Namen („Wartehaltung", „Studienhaltung" etc.). Nun probieren Sie, diese auszutauschen (also z.B. beim Friseur die Studienhaltung einzunehmen). Wie verändert das Ihr Erleben der Situation?

Oft lässt sich die innere Haltung auch durch äußere, körperliche Haltungen (oder Örtlichkeiten) verändern. Ob Sie z.B. dieses Buch auf dem Sofa, im Bett, am Schreibtisch, im Krankenhaus, im Gefängnis, am Strand oder während einer Wanderung auf einem Berggipfel lesen, dürfte einen deutlichen Unterschied ausmachen, was Ihre Haltung anbelangt.

25. Humor

Hugo machte wie jeder Mensch hin und wieder etwas falsch. Wenn er es merkte, kommentierte er (innerlich): „Ich Idiot" oder „So blöd kann nur ich sein". Dann ärgerte er sich noch mehr. In einem Humor-Seminar lernte er, sich Alternativen für solche Gelegenheiten zurechtzulegen. Seither sagt er (je nach Art der Fehler): „Typisch zerstreuter Professor", „Wer nichts schafft, macht auch nichts falsch" oder „Für heute ist die Fehlerquote jedenfalls erreicht".

Der folgende Witz stammt aus dem „Ha-Handbuch" von Bernhard Trenkle (einer psychologischen Witzesammlung): Der Hausarzt verschreibt ein probates Stärkungsmittel und fragt die folgende Woche selbstsicher: „Na, wie wirkt das Stärkungsmittel?" Der Patient: „Kann ich leider noch nichts dazu sagen, ich habe die Flasche nicht aufgekriegt."

Noch einen? Sagt der Suchttherapeut: „Alkohol macht Sie mit der Zeit gleichgültig." Patient: „Ist mir doch egal."

Falls man nicht von Natur aus die Fähigkeit hat, über sich (und seine Probleme) hin und wieder lachen zu können, hat man wirklich ein Problem. Es scheint nämlich fast unmöglich, es nachträglich zu lernen. Humor ist ein spontanes Phänomen, das man nicht absichtlich herbeiführen kann.

Möglicherweise hilft es, sich ab und zu heitere Filme, Witzbücher, Comics oder Bundestagsdebatten anzusehen. Es soll auch schon vorgekommen sein, dass man sich bei humorvollen Menschen damit angesteckt hat, z.B. bei einem Komödien- oder Kabarettabend.

Übung:
Erinnern Sie sich an eine für Sie weniger schmeichelhafte Episode. Lassen Sie diesen Erinnerungsfilm nun a) in dreifacher Geschwindigkeit, b) rückwärts, c) unterlegt mit einer Zirkus-Marschmusik ablaufen (diese Übung stammt von Richard Bandler). Sollten Sie jetzt immer noch nicht lachen, bewerben Sie sich bei einem Beerdigungsinstitut.

Oder nehmen Sie sich einmal Zeit, mit jemand Witze zu tauschen, z.B. während eines langen Spaziergangs. Dabei erzählt man sich abwechselnd alle Witze, die einem einfallen. Ich habe das einmal mit einem Freund eine halbe Nacht lang gemacht und fand es sehr lustig!

26. Hypothetische Lösungen

Henning war schon immer ein aufgewecktes Kind. Ihm gefiel es, im Kindergarten mit den anderen Kindern zu spielen, zu balgen und andere ein bisschen zu provozieren. Wenn es aber zu viel wurde und die Erzieherin einschritt, fügte er sich problemlos und bemühte sich um besseres Benehmen.

In der ersten Klasse brachte er mit seinem Energiepotential die Lehrerin (eine stille und zurückhaltende Person) rasch in Bedrängnis. Es gab ein Gespräch mit den Eltern und kurz darauf mit dem Schulpsychologen. Begriffe wie „ADS-Kind" und „zwanghafter Charakter" fielen. Die Eltern waren zunächst hilflos, dann bat die Mutter aber darum, dass die Lehrerin auf alles achten solle, was in ihren Augen 'okay' an Hennings Verhalten sei, und es ihm jeweils zu sagen; das helfe auch zuhause.

Beim nächsten Sprechtag zeigte sich, dass bereits eine Veränderung eingetreten war. Zwar verhielt sich Henning nicht immer perfekt, aber nach und nach lernte er, das von der Lehrerin Erwünschte von Unerwünschtem zu unterscheiden.

Zwei Hilfsfragen lauten: „Woran werden Sie erkennen, dass das Problem gelöst ist?" oder „Wie sähe die Situation ohne das Problem aus?". Häufig mangelt es an dieser Vorstellung – mit der Folge, dass man langsam beginnende Lösungen gar nicht bemerkt und sie daher auch nicht fördern kann. Statt auf die (sich abzeichnende) Lösung einzugehen, werden Problemaspekte weiterhin mit zu viel Aufmerksamkeit bedacht und damit unabsichtlich zum Bleiben ermutigt.

Übung:
Suchen Sie sich ein persönliches, betriebliches oder gesellschaftliches Problem aus, das Sie bisher für unlösbar gehalten haben (evtl. die Zeitung zu Hilfe nehmen). Lassen Sie Ihrer Fantasie freien Lauf und beschreiben Sie eine Situation, in der dieses Problem nicht mehr vorhanden ist.

Angenommen, Sie beschäftigen sich mit der Lage der Welt, dem Ökosystem, dem Klimawandel usw. – versuchen Sie doch einmal eine "hypothetische neue Welt" zu beschreiben, in der es die derzeitigen Probleme nicht mehr gibt. Sie können sich z.B. vorstellen, dass Sie ein Drehbuch für einen Film über diese "Welt ohne die großen Probleme" schreiben. Was würde dieser Film zeigen im Unterschied zu heute?

27. Ignorieren von Problemen

Inge war verzweifelt: Auch drei Jahre nach der Hochzeit war sie trotz aller Bemühungen und modernster medizinischer Interventionen immer noch nicht schwanger. Schließlich folgte sie dem Rat ihrer Großmutter und gelobte dem Hl. Joseph, sich ein Jahr lang nicht mehr damit zu beschäftigen.

Stattdessen ging sie jedes mal, wenn der Gedanke an den Kinderwunsch aufkam, in den Garten, rupfte Unkraut aus oder wischte auf dem Dachboden Staub. Dabei versuchte sie sich auch an die Vorstellung eines Lebens ohne eigene Kinder zu gewöhnen, was ihr nach und nach auch ganz gut gelang. Ein halbes Jahr später war sie schwanger, gerade als sie sich an den unkrautfreien Garten und den blitzblanken Dachboden zu gewöhnen begann.

Wenn Sie bereits erfolglos alles versucht haben, was Sie im Moment einer Lösung näher bringen könnte, bleibt Ihnen zumindest noch, das Problem absichtlich zu ignorieren und sich vorläufig damit abzufinden. Dies ist immer noch besser, als sich weiter zu bemühen und ständig Misserfolge zu erleben.

Etwas zu ignorieren kann dabei durchaus bedeuten, sich anderem (Verhalten oder Gedankengut) zuzuwenden. Manche Probleme scheinen sich vielleicht lieber (von) selbst lösen zu wollen. Eine veränderte Haltung unterstützt dies wirkungsvoll – oder es löst zumindest den Teil des Problems, der in Ihnen selbst entsteht.

So las ich neulich in einem Buch (von Gregory Fuller), dass er keine Möglichkeit mehr sieht, die Schäden, die der Klimawandel erzeugt, noch deutlich zu begrenzen. Er würde dieses Problem stattdessen ignorieren und sich lieber der Kunst oder guten Beziehungen in seinem Leben zuwenden. Das mag für Menschen, die Probleme gerne aktiv anzugehen versuchen, ungewöhnlich klingen, könnte aber bei manchen Problemlagen durchaus eine angemessene Haltung darstellen.

Übung:
Notieren Sie sich einige Probleme in Ihrer Umgebung, für deren Lösung Sie im nächsten Jahr nichts tun können. Verschließen Sie die Liste in einem Umschlag und öffnen Sie diesen frühestens ein halbes Jahr später (Datum auf dem Umschlag notieren). Sehen Sie nach, was sich inzwischen von selbst erledigt oder in Richtung einer Lösung geändert hat.

28. Innerer Monolog (Dialog/Pluralog)

Ingrid fühlte sich sichtlich überfordert: Sollte sie den Abwerbeversuchen der amerikanischen Universität nachgeben, ihre gewohnte Umgebung und den sicheren Beamtenstatus für ein unkalkulierbares Risiko aufgeben? Früher hatte sie solche Fragen stets mit ihren Eltern durchgesprochen, doch kürzlich war ihre Mutter verstorben und der Vater dämmerte in einem Pflegeheim dahin.

Beim Spazierengehen mit dem Hund ihrer Vermieterin wälzte sie die Argumente hin und her – plötzlich meinte sie, ihren Vater und sein gewohntes „Nur Mut, junge Dame!" zu hören. Sofort trat dem die leise mütterliche Stimme entgegen und riet zur Vorsicht. So kam sie nicht weiter; es war wie früher im Familienkreis. In der aufkommenden Verzweiflung gab sie dem Hund eine Stimme und bekam prompt den Tipp, „an solch einem großen Knochen doch wenigstens zu schnuppern". Das war es! Aus der Entfernung war eine Entscheidung mit solcher Tragweite tatsächlich nicht zu treffen. Noch am selben Abend buchte sie einen Flug.

In vielen Situationen führen wir stumme Gespräche mit uns selbst, ohne uns dessen voll bewusst zu sein. Durch Übung lässt sich diese Fähigkeit jedoch zu einem sinnvollen Werkzeug für die Problemlösung entwickeln, das uns jederzeit zur Verfügung steht. Unter Umständen können wir sogar nahe stehende Menschen 'reproduzieren' und deren (vermutete) Meinungsäußerung mit in den Prozess einbeziehen.

Manche Menschen berichten sogar von einem 'inneren Parlament', oder einem 'inneren Team', das sie gelegentlich zu Hilfe nehmen, um wichtige Themen aus mehreren Perspektiven zu betrachten. Auch von Psychotherapeuten wird diese Übung gerne verwendet, gerade dann, wenn jemand sehr widerstreitende Stimmen und Motive in sich entdeckt und daran zu zerreißen droht. Eine Vorstellung oder Idee, in der diese unterschiedlichen Stimmen einen gemeinsamen Raum und die Berechtigung erhalten, sich kundzutun, kann hier eine große Erleichterung bedeuten.

Übung:
Wie wäre es, wenn Sie heute vor dem Einschlafen den Tag zuerst für sich alleine Revue passieren lassen und ihn danach mit einem für Sie wertvollen, aber abwesenden Menschen 'durchsprechen'? Versuchen Sie, sich dessen Antworten und Kommentare vorzustellen.

29. Internalisieren

Ines erschrak zunächst, als sie in einer Zeitschrift las, welchen Einfluss die Gestirne speziell auf sie ausüben würden. Unter diesen Vorzeichen schien es ihr noch schwieriger, ihr Leben aktiv zu gestalten. Beim Einschlafen erinnerte sie sich jedoch an einen Satz, den sie als Kind oft gehört hatte: „Du bist für uns alle wie ein leuchtender Stern – wo du bist, wird es hell." „Vielleicht bin ich ja tatsächlich ein zur Erde gefallener Stern, zumindest bestehe ich aus Material, das aus dem Universum stammt", dachte Ines, die neulich darüber in einer Wissenschaftssendung mit Harald Lesch gehört hatte – „dann wären alle anderen Sterne wohl meinen Verwandte und ich ein Teil dieser Familie"; dieser Gedanke fühlte sich so gut an, dass sie beschloss, es einmal probeweise so zu sehen, auch wenn sie anderen zunächst nichts davon berichten wollte.

Etwas zu Internalisieren wird gerne als Übung in der psychotherapeutischen Praxis verwendet, z.B. wenn jemand sein aktives Potential stets nach außen verlagert („Das Glück war mir eben hold", „Das Pech verfolgt mich wie ein Schatten").

Das teilweise Hereinholen oder Verinnerlichen der als 'außerhalb' erlebten Möglichkeiten in die eigene Person erlaubt dann deren selbst gesteuerte Verwendung („Wie habe ich es eigentlich geschafft, dass Glück auf mich aufmerksam zu machen?").

Häufig werden sogar äußere Mächte (Sterne, göttliche Gnade, Karma, Bestimmung, Gene, Evolution etc.) so erlebt, dass man sich ihnen schicksalhaft und unausweichlich ausgeliefert fühlt. Vermutlich wird hier eine Ansicht Dritter so verinnerlicht, dass man sie für unbedingt wahr hält. Dann kann das Loslassen eines (unbewusst) internalisierten Gedankens lösungsrelevant sein, z.B. dadurch, dass man sich an zunächst kleinen, dann größeren alltäglichen Beispielen den eigenen freien Willen und die doch recht große Entscheidungsfreiheit bewusst macht und so Unterschiede im eigenen Leben aktiv bewirkt.

Übung:
Manchmal genügt es bereits, sich als Teil des Ganzen anzusehen – sich also nicht mehr als etwas völlig anderes als die Einflüsse, denen man sich ausgesetzt sieht. So wie ein Kind irgendwann versteht, dass sein Einfluss auf die Eltern auf Verwandtschaft und persönlicher Beziehung beruht, gelingt es so vielleicht, den eigenen Anteil am Schicksal angemessener einzuschätzen bzw. zu nutzen.

30. Irgendetwas lösen

Ingo drückte sich schon seit Monaten um den notwendigen Großputz in seiner Werkstatt. Die Aufgabe ragte wie eine senkrechte Bergwand vor ihm auf. Also ging er zuerst einmal zum Friseur, kaufte sich eine neue Arbeitshose und danach einen Kalender fürs nächste Jahr. Er nahm noch einen Großpack Mülltüten mit, dann suchte er im Lager nach geeigneten Kartons, die den wieder verwertbaren Abfall aufnehmen sollten. Bevor er zu Mittag aß, wischte er noch die große Schiebetür auf der Rampe ab – denn das war die Arbeit, die ihm am wenigsten gefiel.

Das ging überraschend leicht, das Ergebnis sah gut aus und nach der Pause machte es ihm sogar richtig Spaß, sich auf die restlichen Aufgaben zu stürzen.

Manchmal erscheint eine Aufgabe unendlich schwer und allein der Gedanke daran wird als belastend empfunden. Bevor man sich dann total blockiert und gar nichts tut, kann es hilfreich sein, sich mittels einfacherer Herausforderungen 'aufzuwärmen'. So bekommt man möglicherweise genügend Schwung, die eigentliche Sache anzugehen. Gleichzeitig tut man etwas Sinnvolles und gerät nicht ins Grübeln.

Durch eine ähnliche Aktivität wie die letztlich beabsichtigte bringt man sich auch in eine ähnliche Haltung. Dann ist die eigentliche Tätigkeit nur noch ein Wechsel und kein Neuanfang mehr. Manches (gedanklich) Unangenehme ändert seinen Charakter bekanntermaßen, während man es tatsächlich tut.

Ebenso verändert das aktive Tun bereits die Gedanken über eine Sache, z.B. wenn Sie vor einem Zahnarztbesuch nochmal die Zähne ausführlich putzen und sich dabei bewusst machen, wie gut es ist, dass es die moderne Medizin gibt oder Schmerzmittel ohne große Nebenwirkungen.

Übung:
Bevor Sie das nächste Mal eine schwierige Aufgabe in Angriff nehmen, suchen Sie sich ein kleines, leicht lösbares Problem (z.B. den Mülleimer leeren). Dies kann wie eine Aufwärm-Übung oder eine Zwischenstufe wirken, die Ihnen die eigentliche Aufgabe dann leichter erscheinen lässt. Außerdem macht es vielleicht Lust auf mehr (z.B. Ordnung, Sauberkeit).

31. Jonglieren (mit den Augen rollen)

Während andere Mitarbeiter sich durch eine Rauchpause oder einen kleinen Spaziergang zum Kaffeeautomaten entspannen, schwört Herr Jonas auf seine Jonglierbälle. Vor bzw. nach besonders anstrengenden Telefonaten, Sitzungen oder Terminen sieht man ihn einige Minuten vor dem Schrank stehen und die Bälle konzentriert in die Luft werfen. Herr Jonas sagt, das sei wie ein kurzer Mittagsschlaf für ihn und er fühle sich danach jedes mal erfrischt.

Die amerikanische Psychologin Francine Shapiro entdeckte, dass Patienten mit schweren Traumata ihre Erinnerungen besser verarbeiten konnten, wenn sie dabei mit den Augen hin- und her rollten. Inzwischen wird dieses als EMDR bezeichnete Verfahren weltweit mit Erfolg angewandt. Eine alltagstaugliche Variante ist das Jonglieren – ein ähnlicher Effekt lässt sich bereits durch rhythmisches Augenrollen erreichen. Probleme lassen sich danach aus einer anderen Perspektive betrachten und womöglich leichter lösen – häufig scheitert eine Problemlösung nämlich daran, dass wir immer in den gleichen Abfolgen denken; hier kann das Augenrollen helfen, Abstand zu gewinnen.

Offensichtlich entspannen sich Teile des Gehirns, während die Augen sich von der einen zur anderen Seite des Sichtfeldes bewegen – vielleicht ein nützliches Überbleibsel aus der Frühgeschichte des Menschen, um Gefahren oder Beute zu erkennen.

Übung:
Falls Sie (noch) nicht jonglieren können, versuchen Sie einmal Folgendes: Stellen Sie sich aufrecht vor eine einfarbige Wand. Nun heben Sie im Rhythmus die rechte und linke Hand 50-100 Mal bis in Kopfhöhe. Sehen Sie dabei jedes mal die sich hebende Hand an, ohne den Kopf zu bewegen. Probieren Sie, ob es sich auch bei Ihnen positiv auswirkt.

Im Übrigen ist es relativ leicht, mit Hilfe eines Anleitungsbuches oder mit entsprechenden Filmen aus dem Internet das Jonglieren zu lernen. Wenn Ihnen das zu anstrengend ist, können Sie auch kleine Bälle in die Luft werfen und wieder auffangen, zunächst mit der einen, dann mit der anderen Hand und dann von der einen in die andere und wieder zurück. Und wenn Sie keinen Ball zur Hand haben, geht es auch mit leichten, unzerbrechlichen Gegenständen wie einer Packung Papiertaschentücher.

32. Kompetenzen nutzen

Konrad litt seit seiner Kindheit immer wieder an stark juckenden Quaddeln im Gesicht. Als er seinem Arzt das Phänomen zeigte, meinte der nur: „Das ist ein typisches 'Quinke-Ödem'" – ein Wort, das er zuvor noch nie gehört hatte. Wie durch Zufall tauchte es ab da mehrfach in Zeitschriften, im Radio und sogar im Bekanntenkreis auf. Als er den Begriff schließlich in eine Internet-Suchmaschine eintippte, staunte er nicht schlecht, dass einige hundert Seiten darauf Bezug nahmen und er zudem zahlreiche interessante Therapieberichte fand.

Durch Problem- oder Zielfokussierung verlieren viele Probleminhaber den Zugang zu ihren eigenen, aber auch zu fremden Ressourcen. Im Sprichwort: „Was ich nicht weiß, weißt du vielleicht und jemand ganz bestimmt." werden drei wichtige Kategorien treffend beschrieben:

a) Eigenkompetenzen: Dazu gehören z.B. frühere nützliche Erfahrungen im Umgang mit Beschwerden, die Fähigkeit zu lernen, nach Lösungsmöglichkeiten zu suchen oder zu forschen.

b) Die Kompetenzen des jeweiligen Gegenübers, dessen Erfahrungen und Wissen bzw. das seiner Bezugspersonen: Unter Umständen bewirkt alleine das Dasein des anderen einen Unterschied (z.B. durch Zuhören, Dialog oder Gegenrede).

c) Die 'Wir'-Kompetenzen: das, was nur durch Teamarbeit (gemeinsames Forschen, Nachdenken etc.) gelingt oder was bereits irgendwo von anderen herausgefunden wurde. Der Zugang dazu ist heutzutage durch die weltweite Vernetzung (Internet, E-Mails) weitaus leichter als früher. Letztlich gehören auch Bücher, Zeitschriften, Radio und Fernsehen in diese Gruppe.

Übung:
Vergleichen Sie probeweise Ihr Wissen zu einem bestimmten exotischen Thema (z.B. „Fortpflanzung der Chamäleons") mit dem mehrerer Bekannten und recherchieren Sie dann in Bücherei und Internet den Stand der Wissenschaft.

Beobachten Sie, welchen Unterschied es für Ihr Gehirn macht, dass Sie plötzlich ganz neue Dinge lernen oder Zusammenhänge erkennen, die Ihnen bisher vielleicht gar nicht aufgefallen sind.

33. Konstruieren von (lösbaren) Beschwerden

Konstantin fühlte sich immer wieder von einer blockierenden Verzweiflung wie gelähmt. In solchen Situationen schien ihm seine ganze soziale Tätigkeit sinnlos und er hatte Mühe, die tägliche Arbeit zu bewältigen. Er litt dann förmlich unter dem Leid der ganzen Menschheit und konnte kaum noch offen für die Probleme einzelner Mitarbeiter sein. Als er sich einmal genauer beobachtete, stellte er fest, dass er vor solchen Phasen tagelang nicht gelacht hatte.

Nicht immer lässt sich eine leidvolle Situation oder der Eindruck von Unzufriedenheit sofort auf ein konkretes Problem oder eine einzelne Beschwerde zurückführen. Diese muss zuerst eingegrenzt, auf den Punkt gebracht, lösbar formuliert ('konstruiert') werden, bevor Lösungsversuche überhaupt einen Sinn machen.

Dabei ist es nicht unbedingt notwendig, die 'tatsächliche' Beschwerde zu finden; häufig gibt es diese nämlich gar nicht oder sie ist erst im Rückblick (nach der Lösung) zu erkennen. Also sollte man sich irgendein Problem vornehmen, möglichst eines, das prinzipiell lösbar erscheint. Die Konzentration der Energie darauf erzeugt unter Umständen eine 'positive Kettenreaktion' oder kann zumindest eine Abwärtsspirale und blockierende Stagnation unterbrechen. Häufig konstruieren wir instinktiv eine treffende Beschwerde, finden aber niemand, der diese dann auch wirklich ernst nimmt.

So lächelt mancher Arzt womöglich, wenn ein Patient ihm sein diffuses Leiden in Alltagssprache mitzuteilen versucht („in meinem Kopf laufen lauter Ameisen umher") – dabei kann sich in solchen Eindrücken durchaus eine medizinische Wahrheit zeigen, die einen Untersuchungs- und Behandlungsansatz bietet.

Übung:
'Erfinden' Sie sich ein kleines (lösbares) Problem als Trainingsanlass und beobachten Sie, was dessen Bearbeitung und schließlich Lösung in Ihnen auslöst.

Sie können sich hier auch von den in den Medien reichlich ausgebreiteten Problemen anregen lassen und einmal so tun, als hätten Sie tatsächlich den Auftrag, für etwas nach Lösungsansätzen zu suchen.

34. Kooperieren, Nachgeben

Von einem Moment auf den anderen fühlte sich Konstanze hundeelend – eben noch hatte sie mit ihren Freunden gescherzt, denen sie im Weinberg bei der Traubenernte half. Jetzt musste sie sich vor Schmerzen übergeben und wurde ohnmächtig. Als sie wieder zu sich kam, lag sie im Aufwachraum des Kreiskrankenhauses.

Ein Arzt lächelte ihr aufmunternd zu und berichtete ihr von mehreren Steinen, die sich in ihrem Gallengang befänden. Am nächsten Tag solle die Operation stattfinden, bis dahin würden sie Schmerzmittel vor dem Schlimmsten bewahren. Nach einem kurzen Moment des Erschreckens (schließlich war sie eine vielbeschäftigte Steuerberaterin und eigentlich unabkömmlich) fügte sie sich in ihre Situation. Per Telefon instruierte sie ihren Assistenten, übergab ihm die Leitung des Büros und dankte im Stillen den Gallensteinen für die erzwungene Auszeit.

Kooperation im Sinne von 'Nachgeben' meint nicht, sich einem Schicksal passiv zu ergeben. Gemeint ist vielmehr eine aktive innere Haltung, die sich (nicht mehr als nötig) mit unveränderlichen Gegebenheiten abgibt.

Die persönlichen Kraftreserven werden dagegen für Momente und Gelegenheiten aufgespart, bei denen sie ihre maximale Wirkung entfalten können. In China ist diese (manchmal übersteigerte) Fähigkeit seit langem Teil der 'kulturellen Grundausstattung' und gilt weltweit als vorbildlich für den gelassenen Umgang mit Schicksalsschlägen.

Es könnte sein, dass Kinder gerade deshalb leichter mit drastischen Erlebnissen umgehen können, weil sie es aus ihrem Alltag gewohnt sind, nachgeben und kooperieren zu müssen. Ihre Möglichkeiten zum aktiven Eingreifen und Gestalten ihres Lebens sind begrenzt und häufig bestimmen andere, was mit ihnen geschieht.

Übung:
Beschließen Sie schon jetzt, das nächste (vermeintliche) Problem herzlich willkommen zu heißen. Nutzen Sie es als Gelegenheit, auf erwünschte Nebenwirkungen zu achten, die Sie ohne dieses Ereignis vielleicht nicht erlebt hätten. Falls Sie ein Tagebuch führen, können Sie auch rückblickend nach Situationen (und deren Folgen) suchen, in denen es Ihnen bereits gelungen ist.

35. Leitdreieck für Problemlösungsgespräche

Die Idee zu diesem Leitdreieck entstammt einer Regel Dietmar Fried-
manns. Er beginnt seine Gespräche stets mit der Frage nach dem Thema, dann folgen die Zielfrage und zuletzt die Suche nach Kompetenzen. Versuche des Autors und anderer Berater haben gezeigt, dass sich
der Nutzen dieser Fragen-Abfolge auch dann zeigt, wenn an anderer
Stelle begonnen wird (also z.B. mit einer Zielformulierung oder einer
Situationsbeschreibung). Wichtig ist jedoch die 'Weiterleitung', damit
ein Lösungsprozess in Gang kommt und man nicht in einer Ecke stehen bleibt (z.B. nur über das Problem jammert).

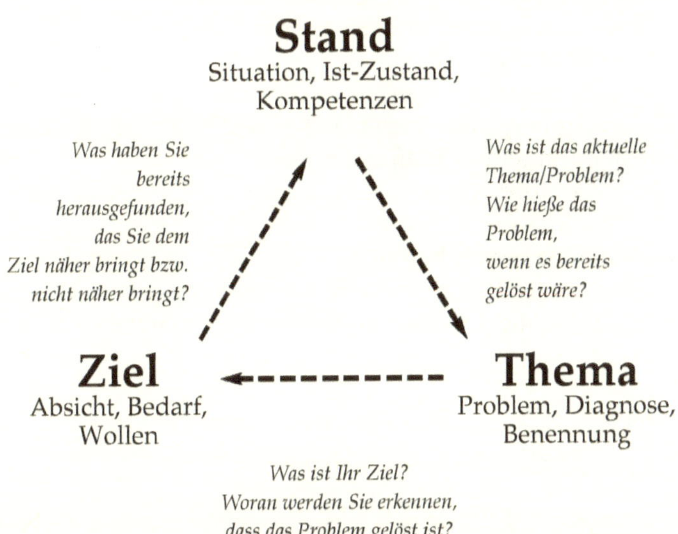

Die nachfolgende Beschreibung benutzt Fachwörter aus der Naturellwissenschaft. Sie sind jedoch für die Verwendung des Leitdreiecks
nicht unbedingt notwendig.

Der Gesprächsablauf für Menschen, die zur Gruppe der Sachtypen
oder Blauen Naturelle gehören, könnte dabei folgendermaßen aussehen (das Leitdreieck kann natürlich auch ohne Gegenüber in Form
eines Selbstgesprächs oder einer Niederschrift benutzt werden – jedoch braucht es dazu mehr Disziplin):

1. „Was ist Ihr Thema / Problem?" oder „Welche Aufgabe sehen Sie vor sich?" oder „Welchen Arbeitstitel geben Sie unserem Gespräch?" (wird oft von selbst genannt).

2. „Was ist Ihr Ziel?" oder „Woran werden Sie erkennen, dass das Problem gelöst ist?" oder „Woran werden Sie merken, dass Sie beginnen, in der Sache erfolgreich zu sein?"

3. Das Ziel sollte ausführlich auf folgende sieben Kriterien hin überprüft werden. Falls ein Kriterium nicht zutrifft, ist es nützlich, das Ziel neu zu formulieren.
- Das Ziel sollte konkret oder messbar sein.
- Das Ziel sollte auch etwas Anwesendes beschreiben.
  (also nicht nur „ich will dies oder das weg haben ...")
- Das Ziel sollte für die Betroffenen bekömmlich sein.
- Das Ziel sollte attraktiv sein.
- Das Ziel sollte realistisch sein.
- Die Zielerreichung sollte prinzipiell in der Macht desjenigen sein, der es anstrebt (in seinem Einflussbereich).
- Das Ziel sollte stufenweise erreichbar sein.

4. „Was haben Sie bereits herausgefunden, das Sie diesem Ziel näher bringt?" (damit man davon mehr versuchen kann) oder „Was wissen Sie schon, das Sie nicht weiterbrachte?" (damit man nicht noch mehr davon versucht).

5. „Wie hieße das Thema / Problem, wenn es gelöst wäre?" (Schon die Umbenennung kann eine Veränderung bewirken).

Während des Gesprächs ist es wichtig, Sachtypen genug Zeit zu lassen, Pausen zu akzeptieren und sie nicht zu 'überholen'. Eine neugierige, forschende Haltung ist besser.

Ein Gespräch entlang des Leitdreiecks für Handlungstypen / Rote Naturelle (diese äußern meist gleich zu Beginn ein Ziel) kann folgendermaßen geführt werden:

1. „Was ist Ihr Ziel?" oder „Was wollen Sie heute hier erreichen?" oder „Welche Absicht verfolgen Sie?". Handlungstypen nennen häufig 'negative' Ziele, z. B. „ich möchte nicht, dass ...". Dann ist es nützlich, zu fragen, was sie stattdessen gerne hätten.

Als Ziel sollten nur solche Formulierungen akzeptiert werden, die den oben beschriebenen sieben Kriterien (konkret, anwesend, bekömmlichst, attraktiv, realistisch, in meiner Macht, stufenweise) standhalten. Sonst lenkt man den Gesprächspartner oder sich selbst leicht in eine Richtung, die nicht gewollt wurde. Bis alle Kriterien erfüllt sind, kann es nötig sein, das Ziel mehrmals neu zu formulieren; häufig erledigt sich schon allein dadurch das weitere Gespräch.

2. „Was haben Sie schon herausgefunden, das Sie in Richtung dieses Zieles weiterbringt?" oder „Welche Möglichkeiten kennen Sie, dieses Ziel zu erreichen?" oder „Was haben Sie schon versucht, das nichts in der gewünschten Richtung bewirkt hat?".

Handlungstypen sind sich häufig ihrer eigenen Kompetenzen nicht bewusst, besonders im zwischenmenschlichen Bereich. Vor allem sie sollten nicht mehr von dem versuchen, was nichts geholfen oder sogar Schaden angerichtet hat. Besonders dann muss es heißen: „Hören Sie auf damit; versuchen Sie etwas anderes!". Sind aber gute Erfahrungen vorhanden, auch aus kurzen Ausnahmezeiten, kann geraten werden: „Da es schon einmal funktioniert hat, versuchen Sie es öfters."

3. Zuletzt sollte das aktuell anstehende Thema geklärt werden, beispielsweise so: „Was ist für Sie jetzt der nächste Schritt?" oder „Was hindert Sie noch daran, es in der besprochenen Weise zu versuchen?" Dabei kann es sein, dass das ursprünglich formulierte Ziel eine kleinere Dimension annimmt oder sich sogar vollständig ändert. Auch dieses neue Ziel sollte auf die sieben Kriterien hin überprüft werden.

In der Beratung von Handlungstypen ist es nützlich, eine ähnliche Haltung einzunehmen wie der Gesprächspartner. Friedmann nannte es „Gleiches mit Gleichem – positiv"; also z.B. nicht eine kraftvolle Äußerung mit leisen Sätzen erwidern oder aus der Bitte um einen Tipp ein tiefschürfendes Problem konstruieren.

Handlungstypen darf man ruhig ab und zu etwas überholen, das heißt, ihnen deutliche Worte zumuten oder einen praktischen Ratschlag geben. Sie können damit gut umgehen, vielleicht, weil sie selbst auch gerne andere in guter Absicht belehren bzw. ihnen korrektes Verhalten nahe legen wollen.

Im Gespräch mit Beziehungstypen / Gelben Naturellen (sie leiden eher an der Gesamtsituation, sehen das konkrete Problem nicht) kann das

Leitdreieck wie folgt eingesetzt werden:

1. Da Beziehungstypen dazu neigen, alles in Beziehung zu setzen oder miteinander zu verknüpfen, wollen sie zu Beginn oft ihre Situation im Sinne einer Bestandsaufnahme ausführlich schildern.

Dazu sollte man ihnen Zeit lassen und mit freundlichen, aufmunternden Gesten zuhören. Der Inhalt der Erzählungen ist dabei häufig nicht so entscheidend, sondern an was der Erzähler tatsächlich leidet.

Da dies jedoch (auch für den Erzähler selbst) nicht immer einfach zu erkennen ist, sollte man nachfragen, z.B. so: „Sie haben davon gesprochen, dass .... – handelt es sich dabei vielleicht um das Thema, weshalb Sie um eine Aussprache gebeten haben?" oder „Leiden Sie an ... besonders?". Oder auch: "Angenommen, wir könnten heute nur eines ihrer Probleme angehen, welches wäre denn das wichtigste?"

So hilft man zur Konzentration auf lösbare Probleme; für Beziehungstypen kann deren Bearbeitung dann eine (fast sportliche) Herausforderung sein.

Falls man kein Problem aus den Erzählungen heraushören kann, sollte man nicht den Fehler machen, ein solches hypothetisch zu vermuten. Die Formulierung der Beschwerde muss vom Gesprächspartner kommen. Vielleicht lässt sich auch mit folgender Frage die Sache auf den Punkt bringen: „Wir würden Sie denn das derzeitige Problem nennen, nachdem es gelöst ist?" Oder auch: "Wie würde denn Ihre beste Freundin Ihr Problem in einem Satz beschreiben?"

2. Wenn das Thema / Problem klar ist, folgt die Frage nach dem Ziel.

Dabei sollte man mit Beziehungstypen besonders vorsichtig umgehen, denn sie neigen zu unrealistischen Zielen, die eher den Charakter von Träumen als den von Plänen haben.

Auch vor neuen Zielen ist Vorsicht geboten, denn Beziehungstypen können in kurzen Abständen Neues beginnen und vergessen darüber öfters, bereits erfolgreich Begonnenes zu pflegen. Das endgültige Ziel darf also ruhig offenbleiben; meist genügt es, darüber zu reden, woran der Beziehungstyp merkt, dass er auf dem richtigen Weg ist.

Oder man kann über kleine, konkrete Schritte sprechen, die aktuell anstehen und ihn dabei begleiten. Oft wird sich zeigen, dass hinter scheinbar großen Problemen eine einfache Lösung wartet.

3. Zuletzt sollten Kompetenzen, die zum Thema gehören, noch einmal detailliert besprochen werden. Auch eine Umbenennung des Problems oder der Situation kann hilfreich sein.

Ein gewisses Maß an Zweifel oder liebevoller Kritik wird von Beziehungstypen in der Regel gut umgesetzt. Sie lassen sich leicht auf Vergleiche, Bilder oder Metaphern ein.

Angenehm für Beziehungstypen ist erfahrungsgemäß, dass sie das, was sie erleben, als 'normal' begreifen. Wenn man dazu einen Beitrag leisten kann, z.B. durch Hinweise auf Fachwissen, Statistiken etc. sollte man es versuchen.

Nicht vergessen werden darf die Ressource 'Zeit' für den Beziehungstyp. Alles, was damit zusammenhängt – auch existenzielle Themen, Geld, das Dasein usw. – kann ihm weiterhelfen. Falls er diese Aspekte vergisst, darf man ihn daran erinnern.

Übung:
Probieren Sie den Ablauf entlang des Leitdreiecks zunächst mit sich selbst, indem Sie ein Ziel, ein Thema oder eine stichwortartige Situationsbeschreibung zu Papier bringen und dann entsprechend den Vorgaben weiterarbeiten. Üben Sie ihn bei nächster Gelegenheit auch im Gespräch mit anderen.

Falls Sie einmal innerhalb eines Teams einer Besprechung über "die Lage" beiwohnen, achten Sie darauf, welche der Anwesenden eher über die Situation an sich, konkrete Einzelprobleme oder über Ziele sprechen. Dies könnte ein Hinweis sein, dass die Betreffenden von ihrem Naturell her in dieser "Ecke" festzuhängen drohen. Sie können dann durch die hier beschriebenen weiterleitenden Fragen (entlang des Leitdreiecks) zu einem Fortschritt beitragen.

Oder Sie können dadurch mehr Klarheit schaffen, indem Sie verschiedene Äußerungen aus so einer Runde in drei Spalten auf dem Flipchart "sortieren" – je nachdem, ob es dabei um die Situation an sich, einzelne Probleme oder um zu erreichende Ziele geht. Oft sind sich Menschen dieser Unterschiede gar nicht bewusst.

36. Leitsätze nutzen, Leitsätze ändern

Bei Frau Leitner schien es sich um eine der hoffnungsvollsten Hochschul-absolventinnen der letzten Jahre zu handeln: Sie war fleißig und dabei von einem Tiefgang, den die meisten anderen in ihrem Alter vermissen ließen; sie wurde vom Lehrpersonal dementsprechend gefördert und schrieb eine exzellente Abschlussarbeit, die ihr die Note 1 einbrachte. Der Berufsstart verlief glatt, sie machte ein Praktikum in der Industrie und sammelte Material für ihre Doktorarbeit.

Was von außen jedoch nicht sichtbar wurde, waren die quälenden Selbst-zweifel, die ihr jeden Erfolg madig machten. Zunächst wich sie diesem Druck aus, indem sie heiratete und drei Kinder bekam. Doch auch hier ließen sich die gleichen kritischen Gedanken vernehmen: „Du schaffst das alles ja doch nicht" sagte sie sich oder „Ich bin nicht einmal eine richtige Mutter". Als Frau Leitner einen Artikel über die Wirkung solcher Sätze und deren Veränderbarkeit las, spürte sie, dass hier eine Chance für sie lag: Tatsächlich standen diese Quälsätze wie mit roter Tinte geschrieben in ihrem Kopf.

Sie suchte sich einen alternativen Satz aus, den ihr eine liebe Großtante immer wieder gesagt hatte: „Du bist eine starke Persönlichkeit". Das konnte sie glauben und sie wusste, dass ihr das mehr Mut machen würde als die ständigen Grübeleien. Sie stellte sich diesen wie eine gelbe Leuchtschrift vor, strich dann mit einem fetten Rotstift die unerwünschten Sätze durch und setzte darüber die Leuchtbuchstaben. Die nächsten Nächte träumte sie zwar heftig, spürte aber, wie neue und nützliche Gedanken in ihrem Kopf auftauchten. Die alten Sätze schienen plötzlich weit weg.

Bei den meisten Menschen sitzen die wichtigen, prägenden Sätze weiter vorne im Kopf (so wird es wahrgenommen), die weniger wichtigen eher hinten. Probleme können dadurch entstehen, dass sich ein destruktiver Satz weit vorne etabliert hat, ohne dass wir das tatsächlich wollen (z.B. durch ständiges Wiederholen einer autoritären Bezugsperson).

Durch die im Folgenden beschriebene Übung können neue und nützlichere Sätze an deren Stelle installiert werden – denn eigentlich sind Leitsätze etwas Wertvolles. Sie können uns auch in schwierigsten Lebenslagen Hoffnung geben, Mut machen oder richtungsweisend sein, selbst wenn wir sie "nur" von anderen übernommen haben.

Übung:

Angenommen, Sie haben einen unangenehmen oder schädlichen Leitsatz bei sich entdeckt (z.B. „Du schaffst das ja doch nicht", „Aus dir kann ja nichts werden", „Dich will sowieso niemand", „Du warst schon immer zu blöd" etc.), dann kann Ihnen die folgende Übung dabei helfen, einen alternativen Satz zu verankern:

a) Suchen Sie sich einen realistischen, glaubhaften Leitsatz, den Sie gerne an die Stelle des bisherigen setzen möchten (z.B. „Ich bin eine recht starke Persönlichkeit", „Mit den richtigen Menschen an meiner Seite kann ich vieles erreichen", „Mein Leben hat einen Sinn, auch wenn ich das manchmal nicht erkenne", „Mit der Zeit und etwas Geduld lässt sich manches erreichen").

b) Identifizieren Sie die Art und Weise, wie der bisherige Satz gespeichert ist (z.B. wie ein gedruckter Text, wie eine Stimme, wie ein Gefühlseindruck etc.). Dies ist von Gehirn zu Gehirn unterschiedlich und es erfordert vielleicht etwas Mühe, das wahrzunehmen, wenn man es bisher noch nie so gesehen hat.

c) Formen Sie Ihren künftigen Leitsatz in ähnlicher Art wie den bisherigen, jedoch etwas größer, lauter, angenehmer, farbiger – je nachdem, wie es Ihnen passend erscheint. Testen Sie verschiedene Varianten und beobachten Sie, welche für Sie die passendste ist. Manche Leute malen oder schreiben sich ihre Leitsätze sogar auf, um diese immer wieder präsent zu haben.

d) Tauschen Sie nun den alten gegen den neuen Satz, indem Sie den alten so weit es geht 'nach hinten' schieben und dann sofort (fast gleichzeitig) den neuen an dieser Stelle einfügen. Manchmal hilft es, den neuen Satz innerlich mehrmals auszusprechen.

e) Testen Sie, ob beide nun an den angemessenen Stellen sitzen und es sich so besser anfühlt als zuvor. Wenn nicht, können Sie die Übung auf eine für Sie passende Weise variieren, bis Sie merken, wie der neue Leitsatz wie von selbst auftaucht.

Manchmal hilft es, sich diese Anleitung von jemand anderem vorlesen zu lassen und dabei die Augen zu schließen, während man entspannt dasitzt oder auf einem Sofa liegt.

37. Lösung fokussieren (Ziellinie setzen)

„Woran werden Sie merken, dass die Therapie beendet ist?" Mit dieser Frage hatte Frau Löwitsch gleich in der ersten Sitzung bei der Psychotherapeutin nicht gerechnet. Die freundlich wirkende Dame ließ ihr Zeit, darüber nachzudenken und so konnte sie ihr Anliegen in Worte fassen: „Wenn ich morgens den Wecker höre und mein erster Gedanke wieder ein positiver ist – das wäre der Moment, wo ich wüsste, dass es sich gelohnt hat, diese Gespräche zu führen." Frau Löwitsch notierte sich diesen Satz und steckte sich den Zettel ins Portemonnaie.

Leider benutzen (noch) wenige Psychologen solche nützlichen Fragen und berauben sich damit einer der wertvollsten Ressourcen: den Zielvorstellungen ihres Klienten. Statt eine Ziellinie zu ziehen, beschäftigen Sie sich viel zu lange mit dem Problem und seinen möglichen Ursachen. Denn anhand der Zielformulierung können beide (Therapeut und Klient) erkennen, wohin die Reise gehen soll. Auch kann der Therapeut sich gegen unrealistische Wünsche abgrenzen oder mit Hilfe der Erfahrungen anderer Klienten Hoffnung machen und so den Lösungsprozess fördern.

Vor allem aber wird der 'Karotte-vor-dem-Esel-Effekt' vermieden: Von Sitzung zu Sitzung geht es darum, etwas zu finden, das noch nicht ganz in Ordnung ist, und darüber zu reden. Aber genauso wie der Esel die ihm vorgehaltene Karotte nie erreicht und dabei den Wagen vorwärts zieht, kommt man auf diese Weise nie ans Ende der Therapie.

Übung:
Wenn Sie nichts mit Klienten oder Kunden zu tun haben, üben Sie das Ziehen von Ziellinien am besten mit sich selbst: Beschreiben Sie für ein Thema (z.B. 'Ordnung auf dem Schreibtisch') möglichst genau einen Zielzustand, von dem Sie sagen würden „Jetzt ist es gut, ich habe genug aufgeräumt".

Nützlich kann auch sein, sich solche Ziele aufzuschreiben oder eine Zeichnung (bzw. einen inneren Lösungsfilm) anzufertigen. Je nach Komplexität des Problems ist es auch sinnvoll, eine ganze Lösungsgeschichte zu entwerfen und sich so auch über Details einer Lösung Gedanken zu machen und sie genau zu beschreiben.

38. Lösungen zweiter Ordnung

Paul Watzlawick und seine Kollegen erzählen in ihrem Buch „Lösungen" die Geschichte eines Mannes, der unter seinen diversen psychischen Problemen (darunter einer starken Platzangst) so sehr litt, dass er beschloss, sich das Leben zu nehmen. Als Weg dazu, so dachte er sich, bräuchte er nur auf einen 50 km entfernten Aussichtsberg zu fahren; sicher würde er unterwegs oder spätestens am Ziel vor Angst einen Herzschlag bekommen und sterben. Zu seinem Erstaunen kam er nicht nur heil auf dem Berg an, sondern er war zum ersten Mal seit Jahren wirklich angstfrei.

Bei ihrer Erforschung von Lösungen entdeckte die Gruppe um Watzlawick sehr oft einen Faktor, der außerhalb aller zuvor versuchten Lösungsversuche stand. Dagegen glichen sich die ohne Erfolg versuchten Lösungsansätze auf eine bestimmte Weise.

Obwohl viele gelingende Lösungen nur durch einen Zufall oder Glück ins Rollen gebracht werden, braucht man nicht darauf zu warten – viele der hier vorgestellten Lösungswerkzeuge sind bereits solche „Lösungen zweiter Ordnung" bzw. ermöglichen diese.

Entscheidend ist, dass der jeweils nächste Versuch nicht frühere erfolglose Bemühungen wiederholt (wie im Falle des obigen Mannes, der sich vermutlich viele Jahre im therapeutischen Rahmen, durch Gespräch, Vermeidung bestimmter Situationen etc. um eine Linderung seines Leidens bemüht hatte). Allzu oft wird nämlich noch "mehr desselben" versucht, z.B. wenn zwei Stunden Nachhilfeunterricht pro Woche keine besseren Noten bringen, dass dann die Stundenzahl verdoppelt wird. Im Sinne einer Lösung zweiter Ordnung wäre ein Ansatz hier etwa, den Jugendlichen die Freiheit zu geben, auch einmal schlechte Noten zu schreiben oder ein Schuljahr zu wiederholen.

Oder es könnte im Sinne einer paradoxen Intervention zweiter Ordnung Nachhilfeunterricht in dem Fach geleistet werden, wo die bisher besten Noten erzielt werden.

Übung:
Bitten Sie Freunde oder Kollegen, Ihnen außergewöhnliche Lösungsgeschichten zu erzählen; untersuchen Sie, wie diese zustande kamen, und lassen Sie sich auch die ohne Erfolg versuchten Bemühungen schildern.

39. Malen (Ausmalen, Weitermalen)

Eigentlich war Malenka zum Alkoholentzug in der Klinik. Für sie selbst stand aber etwas ganz anderes im Vordergrund: Sie war sich selbst fremd geworden. Als die Therapeutin sie bat, aus Zeitschriften Bilder auszuschneiden, die etwas mit ihr zu tun hätten, reagierte sie zunächst unwillig. Sie kam sich vor wie im Kindergarten und fragte sich, was das mit Therapie zu tun hätte. Lustlos begann sie, in den Magazinen zu blättern und einzelne Zeilen, Textstücke und Fotos auszureißen. Weder wollte sie ordentlich ausschneiden noch die Einschränkung auf Bildmotive akzeptieren. Den ganzen Tag klebte sie ihr persönliches Mosaik weiter und fand immer mehr Gefallen daran.

Als sie es am nächsten Morgen nach dem Aufwachen anschaute, war es, als ob sie in den lange gesuchten Spiegel blickte: Mit einem Mal hatte sie den roten Faden ihres Lebens wieder in der Hand.

Was für die einen das Malen oder Zeichnen ist, kann für andere die Bearbeitung von Ton oder Stein oder das Fertigen von Collagen sein. Auch in meinen Kalligrafiekursen, die ich seit vielen Jahren anbiete, beobachte ich immer wieder Teilnehmer, die sich völlig in ihr Tun vertiefen und auch nach den offiziellen Zeiten noch weitermachen, weil sie so angetan sind von ihrer Schriftenmalerei.

Bei allen diesen Tätigkeiten aktivieren wir andere Teile (und damit Ressourcen) unseres Gehirns, als wenn wir uns sprachlich äußern. Ähnliches geschieht beim (Aus-) Malen von Kreisbildern (Mandalas), das Gehirn scheint sich in einen tranceähnlichen Zustand versetzen zu lassen.

Träume sind weitere Stoffsammlungen für problemlösende Malerei. Vor allem bei Kindern hilft es oft, Ängste und Träume zu Papier zu bringen. Im Fall von Spinnenphobien z.B., diese aufzumalen und zu Verbrennen bzw. um die Spinne herum andere Objekte zu malen, die das Angstpotential verringern.

Übung:
Gönnen Sie sich bei nächster Gelegenheit den Luxus einer absichtslosen kreativen Tätigkeit (z.B. Musizieren, Dichten, Singen, Zeichnen, ein Spiel erfinden, Modellieren, Fotografieren) und planen Sie in Zukunft regelmäßig ein, was Ihnen besonders gut getan hat.

40. Mehr von dem, was funktioniert

Bei Familie Mehrle hing der Haussegen total schief – der Vater seit drei Jahren arbeitslos, die Mutter von frühmorgens bis abends außer Haus, um ihren zwei Jobs nachzugehen – und von den vier schulpflichtigen Kindern mussten drei das Schuljahr wiederholen.

Der Sozialarbeiter vom Jugendamt hörte ausführlich zu, machte aber keine Notizen, was vor allem Frau Mehrle auffiel. Stattdessen wollte er wissen, was denn eigentlich noch in Ordnung wäre (trotz des ganzen Ärgers). Dabei schrieb er fleißig mit. Am Ende hatte er fast zwei Seiten voll und alle waren überrascht. Es zeigte sich z.B., dass die Zweitälteste sehr gute Noten heimbrachte, dass die Kinder die häufige Anwesenheit des Vaters sehr genossen und dass Frau Mehrle keine Schlafstörungen mehr hatte. Außerdem besuchte Herr Mehrle eine Abendschule für Heilpraktiker und er mochte das Fahrradfahren dorthin – früher im Büro hatte er sich kaum bewegt und ständig unter seinem Übergewicht gelitten.

Beim zweiten Termin zeigte Familie Mehrle eine fast doppelt so lange Liste vor. Als letzter Punkt stand darauf: „Gespräche mit Herrn Schreiner vom Jugendamt."

„Wenn etwas funktioniert, versuchen Sie mehr davon!" gehört zu den lösungsorientierten Grundregeln. Durch die starke Beachtung dessen, was nicht funktioniert, gerät dieser Teil einer Situation häufig in den Hintergrund. Beachten wir dagegen das, was in Ordnung ist, besteht die Chance, es auszuweiten. Am Anfang muss jedoch die Änderung des Blickwinkels stehen.

Steve de Shazer berichtete, dass durch ein ganz ähnliches Beispiel wie oben erzählt, seine Entdeckung der lösungsorientierten Ansätze angestoßen wurde.

Übung:
Legen Sie sich eine Liste (oder besser: ein Heft) an und notieren Sie alles, von dem Sie sagen würden: „Das ist in Ordnung und ich wünsche mir mehr davon!". Ergänzen Sie diese Aufzählung von Zeit zu Zeit. Sie können auch für verschiedene Themen eine gesonderte Sammlung anlegen (z.B. die eigene Gesundheit, die Qualität von Beziehungen, Freizeitaktivitäten etc.). Auch eine gemeinsame Liste in Teams ist denkbar.

41. Metaposition einnehmen

Mehmed wuchs in Syrien auf und wurde selbstverständlich als Moslem erzogen. Seine Liebe galt einem Sufi-Orden; er konnte die Verse von Rumi auswendig und wäre vielleicht sogar selbst Mönch geworden, hätte ihn nicht ein Onkel zu Geschäften nach London geschickt. Dort lernte er nicht nur seine spätere Frau Leila kennen, sondern mit ihr und ihren Freunden viele ihm bisher unbekannte religiöse Vorstellungen. Zuerst verwirrte ihn diese Vielfalt. Denn ihm wurde klar, dass seine Vorurteile gegenüber den 'Ungläubigen' haltlos waren und er viele Menschen traf, mit denen er sich über die spirituellen Traditionen hinweg geistesverwandt fühlte. Er schrieb regelmäßig lange Briefe an seinem Lehrmeister in Damaskus. Dieser gab ihm ein Gleichnis zur Meditation: „Wolken, Eis und Flüsse sind Geschwister für den, der weiß, wie Wasser schmeckt."

Er las bei Ludwig Wittgenstein, Paul Watzlawick und Ernst von Glasersfeld über die Philosophie des Konstruktivismus und fand nach anfänglicher Erschütterung seines bis dahin immer noch sehr dogmatischen Weltbildes eine für ihn akzeptable Sichtweise: Die Wahrheit und Weisheit, die ihm im Islam begegnete, erlitt keinen Abbruch dadurch, dass er selbst hin und wieder aus einem anderen Blickwinkel auf die Welt sah. Bald erlaubte er sich öfters, eine Perspektive einzunehmen, die seinem Herzen am nächsten und der Situation am Angemessensten schien. Kam er mit anderen ins Gespräch über existenzielle Dinge, interessierte ihn mehr deren Sicht und Erfahrung, als dass er ständig Vergleiche mit seiner Kindheitsreligion anstellte. Fragte man ihn jetzt nach seiner Religion, antwortete er mit einem Augenzwinkern: „Ich bin Metariker", was zugegebenermaßen nur wenige seiner Gesprächspartner auf Anhieb verstanden.

Das Einnehmen einer Meta-Position bedeutet: alles, was auf eine Situation Einfluss nimmt, aus einer Perspektive zu betrachten, die selbst nicht Teil der Situation ist. Wenn ich z.B. über Farben rede, meine ich damit potentiell alle Farben – keine ist ausgeschlossen. Das ist eine Meta-Position. Leider gelingt dies bei Alltagsproblemen relativ selten, es kann aber durchaus geübt und mit der Zeit zur Gewohnheit werden.

Ganz entscheidend für die Fähigkeit zur Einnahme einer außenstehenden Position ist jedoch die Kenntnis um die Vorgänge, die zur Entstehung unserer subjektiven Wirklichkeit führen.

Nicht jeder Mensch kommt wie Mehmed dazu, seine einmal angenommene Weltsicht so radikal in Frage zu stellen. Die meisten bleiben bei ihrer gewohnten Denkweise (nicht nur in religiöser oder philosophischer Sicht) und sitzen dem Irrtum auf, damit die Wahrheit über die Welt zu wissen.

Eine für viele Denker angemessene Sicht im Umgang mit der Wirklichkeit ist folgende Meta-Position: In Sprache oder Symbolen kann man gar nicht 'die Wahrheit' wiedergeben; denn jeder Hörer des Gesagten bzw. Betrachter von Bildern nimmt nur das wahr, was sich mit seinem vertrauten Erfahrungsschatz deckt. Kommunikation ist stets nur das, was ankommt – und damit unterliegt jede Vermittlung von Erfahrung oder Wissen einem Umwandlungsprozess im Gehirn des 'Empfängers', auf den der 'Sender' letztlich kaum Einfluss hat.

Die Konsequenz ist, dass es unendlich viele Wirklichkeitsansichten gibt und es wie ein Wunder erscheint, dass Menschen sich trotzdem irgendwie verständigen können. Es bedeutet aber auch, dass Aussagen im Bereich der Psyche, des subjektiven Empfindens, der Religion oder Philosophie etc. (d.h. alles, was nicht greifbar ist) niemals die Wahrheit, sondern stets nur eine mögliche Wahrheit darstellen. Insofern spricht auch nichts dagegen, die Dinge so zu sehen, wie sie einem passend erscheinen. Und es wird möglich, vollkommen verschiedenartige oder sogar sich widersprechende Sichtweisen zu nutzen bzw. sie bei anderen zu respektieren oder zu tolerieren. Eine Meta-Position erlaubt etwas, was man als „Patchwork-Wahrheit" bezeichnen könnte. Jeder kann sich so stets neu sein persönliches Mosaik zusammenstellen und auch Teile aus insgesamt vielleicht inakzeptablen Gedankengebäuden herausnehmen und in die eigene Gedankenwelt integrieren.

Am obigen Beispiel von Mehmed wird das relativ deutlich; was ihm gelang, nämlich eine lebbare und bereichernde Haltung auch in ernsten Fragen einzunehmen, soll noch an einem weiteren konkreten Beispiel beschrieben werden:

Mehmeds Frau Leila stammt von einer anthroposophisch erzogenen Mutter und einem jüdischen Vater ab. So kam sie bereits früh mit unterschiedlichen Ansichten in Kontakt, zum Beispiel über das Thema der Seelenwanderung. Während es für ihre Mutter natürlich war, dass es so etwas gibt, kannte der Vater keinen derartigen Gedanken aus der Thora.

Das Einzige, was Leila an der Sichtweise ihrer Mutter störte, war die starke

*Rolle des „Karmas" – es wollte ihr nicht in den Kopf, dass es einen über-
geordneten Schiedsrichter geben solle, der entschied, als welches Wesen man
erneut auf die Welt käme. Beim Vater fand sie dafür Verständnis; er lachte
auch wohlwollend über ihre Idee, dass man nach einem Leben vielleicht selbst
entscheiden könne, ob, wann und als was man wieder geboren werden wolle.
Ihre Mutter fand das nicht lustig, wobei sie meinte, „wäre es tatsächlich so,
könnte ich mich direkt damit anfreunden."*

*Mehmed gefiel diese Aussicht, denn in seinem Kinderglauben bestand das
Leben ebenfalls nur aus einem einzigen Durchgang, was ihn oft beängstigt
hatte. Er erweiterte Leilas Gedanken noch, dass womöglich alle Wesen nur
Ausgeburten der Fantasie eines einzigen schöpferischen Geistes wären, der
sich ständig neu zur Welt brachte und eine Art Schauspiel oder Theater
aufführte, an dem er seinen Spaß hatte. Dazu passte allerdings nicht die
Vorstellung eines fehlerfreien Schöpfers, denn dafür war die Welt offensichtlich zu unvollkommen. Doch auch hier fand er bald eine hilfreiche Ergän-
zung: Im Radio hörte er ein Lied mit der Zeile „What if God was one of us"
(was, wenn Gott einer von uns wäre?). Das brachte ihn auf die Idee, dass der
oder die 'Erfinder' des Universums womöglich noch am Probieren war/en
(wie Kinder im Sandkasten); tatsächlich schien ihm der Fortschritt in der
Evolution gewaltig und das Ergebnis doch relativ beeindruckend. Wenn es
in dieser Weise weiterginge, käme vielleicht am Ende doch noch etwas ganz
Brauchbares heraus? Seinem Lehrmeister in Syrien schrieb er aber davon
zunächst lieber nichts ...*

Übung:
Wenn Sie mögen, tragen Sie einmal alles Nützliche an Weltsichten
zusammen, das Ihnen bisher begegnet ist. Oft sind diese "Schätze"
nicht gleich als solche erkennbar, sondern in besonders wertvollen
Büchern, oft gehörten Liedern, in Aphorismen, einzelnen Zitaten, Lie-
blingsgeschichten oder -gedichten enthalten und müssen erst als solche identifiziert werden.

Als Hilfskonstrukt können Sie sich folgendes vorstellen: Angenommen, Sie bekämen ein dickes Buch mit weißen Seiten überreicht. Alles,
was Sie darin notieren, würde einige Male gedruckt und als Geschenk
an Ihre liebsten Menschen übergeben werden. Was würden Sie in so
ein ganz besonderes Buch schreiben?

42. Mineralstoffe und Vitamine

Als Michael endlich zum Psychotherapeuten ging, erwartete er viele tief schürfende Gespräche, Erörterungen über die Kindheit, Deutung seiner Träume etc. Eine der ersten Fragen, die ihm jedoch gestellt wurde, betraf seine Ernährungsweise: Wie oft er denn Seefisch und Rindfleisch essen würde? Dabei war der Anlass für seinen Termin nicht Ernährungsprobleme, sondern die Depressionen, die ihn immer häufiger quälten. Schnell verstand er aber, dass die nur in bestimmten Lebensmitteln vorhandenen Mineralstoffe einen enormen Einfluss auf die Psyche haben konnten. Und da er bereits seit der BSE-Krise vor vier Jahren auf tierische Nahrung verzichtete, schien ihm ein Zusammenhang durchaus denkbar.

Immer noch wissen viele psychologisch Tätige nicht, dass die Psyche auch durch Mineralstoffe und Vitamine massiv beeinflusst wird. Offenbar ist sie kein geschlossenes System, sondern übt einen Einfluss auf den Körper („psycho-somatisch") aus. Doch auch in der Gegenrichtung („somato-psychisch") scheinen Beeinflussungen möglich. Dieses Thema kann hier zwar nicht umfassend erörtert werden – um die Möglichkeiten einer Einflussnahme auf die Problemlösung zu demonstrieren, sollen jedoch einige besonders prägnante Zusammenhänge aufgezeigt werden.

Wer Nährstoffe als Lösungswerkzeuge nutzen möchte, kann dreierlei beachten:

1. Welche Beschwerden können durch welche Nährstoffe möglicherweise gebessert werden?
2. Welche Risikopotentiale (also welche Gefahren für das Entstehen von Mangelzuständen) stehen im Zusammenhang mit welchen Verhaltensweisen?
3. Welche Gelüste (auf bestimmte Lebensmittel) weisen auf einen erhöhten Bedarf welcher Nährstoffe hin?

Zu jedem dieser drei Punkte im Folgenden einige Beispiele:

1. Welche Beschwerden können durch welche Nährstoffe möglicherweise gebessert werden (Beispiele aus dem mentalen Bereich)?

Aggressivität: Vitamin B12, Zink, Magnesium, Folsäure, Lithium
Angstzustände: Vitamin B1, -B6, Zink, Magnesium, Biotin, Folsäure

Depressionen: Zink, Vitamin B1, -B2, -B6, -B12, Jod, Biotin, Lithium, Folsäure, Niacin, Magnesium
Einschlafstörungen: Zink (oder zu viel Vitamin C – wirkt häufig als Wachmacher)
Emotionales Gleichgewicht: Vitamin B1
Gedächtnisschwäche: Zink, Folsäure, Vitamin B12
Hörsturz: Zink, Magnesium, Vitamin D
Hyperaktivität: Vitamin B6, -B12, Zink
Konzentrationsschwäche: Zink, Magnesium, Eisen, Folsäure
Kopfschmerzen: Vitamin B1, -B6, Niacin, Eisen, Magnesium, Pantothensäure
Leistungsfähigkeit niedrig: Eisen, Vitamin E, Mangan, Zink
Lustlosigkeit (andauernd): Zink, Vitamin B2
Merkstörungen: Niacin
Müdigkeit: Niacin, Eisen, Molybdän, Biotin, Pantothensäure, Vitamin B1, Jod
Namensgedächtnis schwach: Zink
Ruhelosigkeit: Vitamin D, Vitamin B12
Schlafbedürfnis gesteigert: Jod
Suizidgedanken: Zink, Lithium
Stress: Vitamin A, Zink
Traumerinnerung gering: Vitamin B6
Verwirrtheit: Vitamin B6, Niacin, Natrium
Wetterfühligkeit: Eisen
Zwangsgedanken: Lithium

2. Welche Risikopotentiale stehen im Zusammenhang mit welchen Verhaltensweisen (Beispiele für besonders häufige Risikofaktoren)?

Alkoholmissbrauch: Biotin, Folsäure, Kalium, Mangan, Magnesium, Pantothensäure, Zink, Selen, Vitamin B1, -B2, -B6, -B12, Vitamin E
Bildschirmarbeit: Vitamin A, Zink
Cortison-Einnahme: Kalium, Magnesium, Zink
Diabetiker: Zink
Dialyse-Patient: Selen
Essstörungen: Zink
Fastenkuren, Diäten: Biotin, Pantothensäure, Zink
Fleischarme Ernährung: Vitamin A, Vitamin B12, Zink
Kaffeekonsum hoch: Calcium, Vitamin B1
Krebserkrankungen: Niacin, Vitamin A, Vitamin B2, Selen, Zink
Leben in Europa: Folsäure, Jod, Selen, Lithium, Zink
Magersucht: Selen

Raucher: Vitamin C, Vitamin E, Vitamin B12
Schwangerschaft, Stillzeit: Biotin, Calcium, Eisen, Niacin, Magnesium,
  Selen, Vitamin B1, -B2, -B6, -B12, Vitamin C, Zink, Vitamin D
Stress (auch Lärmstress): Chrom, Magnesium, Selen, Zink, Vitamin B1
Vegetarische Ernährung: Jod, Vitamin D, Vitamin B6, -B12, Zink
Vermeidung von Seefisch: Jod
Verwendung der 'Pille': Magnesium, Vitamin B1, -B2, -B12, Vitamin C
Wachstumsphasen: Magnesium, Vitamin B1, -B2, Vitamin C
Wenig pflanzliche Nahrung: Mangan, Silizium
Zuckerkonsum hoch: Vitamin B1

**3. Welche Gelüste (auf bestimmte Lebensmittel) weisen auf einen er-
höhten Bedarf welcher Nährstoffe hin (einige besonders prägnante
Beispiele)?**

Erdnüsse: Magnesium, Zink, Niacin, Biotin, Pantothensäure, Vitamin B1
Fische (Seefische): Jod, Selen, Niacin, Vitamin D
Fleisch: Eisen, Zink, Selen, Vitamin B1
Haselnüsse („Nutella"): Magnesium, Mangan, Vitamin E
Innereien: Vitamin B12, Selen
Joghurt: Calcium
Kakao, Schokolade: Zink, Magnesium, Eisen, Mangan, Fluorid, Biotin,
  Kupfer
Kartoffeln: Kalium, Silizium, Selen, Vitamin K
Knoblauch: Selen, Vitamin B1
Kokosnuss („Bounty"): Kupfer, Mangan, Selen
Leber: Eisen, Zink, Vitamin B2, -B6, -B12, Pantothensäure, Biotin, Kupfer
Mais: Magnesium, Zink, Vitamin B6, -K
Mandeln (Marzipan): Magnesium, Mangan, Zink, Eisen, Vitamin E,
  Fluorid, Kupfer
Orangen/-saft: Vitamin C
Rindfleisch: Eisen, Zink, Vitamin B12
Rohkost: Vitamin B1, Vitamin C
Tomaten: Vitamin C, Vitamin K
Zwiebel: Selen

Übung:
Werten Sie versuchsweise die drei obigen Tabellen aus (zum Ankreuzen
auch auf www.heisshungertest.de). Welche Nährstoffe kommen bei
Ihnen mehrmals vor? Sprechen Sie mit Ihrem Arzt, Heilpraktiker oder
Apotheker über das Ergebnis. Eventuell leiden Sie unter einem Man-
gel oder haben einen aktuellen Mehrbedarf an diesen Stoffen.

43. Münzwurf zur Entscheidung

Familie Münzer ist mit dem Auto Richtung Süden unterwegs, als der Verkehrsbericht lange Staus auf beiden Alternativstrecken meldet. Bis zur entscheidenden Kreuzung sind es noch zehn Minuten. Nach kurzer Diskussion zeigt sich, dass es für beide Möglichkeiten gleichviel Argumente gibt. Man einigt sich auf den Münzwurf und entgeht so weiteren Diskussionen oder eventuellen späteren Schuldzuweisungen bzw. Zweifeln, ob man richtig entschieden hat.

Steve de Shazer und seine Kollegen nutzen den Münzwurf, um Klienten zur Klarheit über ihre Wünsche zu verhelfen, aber auch außerhalb der Kurztherapie lässt sich diese alte Methode anwenden. Sie ist besonders dann geeignet, wenn für beide Alternativen gleich gute Argumente sprechen; nicht aber, wenn man aus Bequemlichkeit zu wenige Informationen eingeholt hat.

Der Ablauf:

1. Ordnen Sie jeder Münzseite („Adler, Zahl") eine der beiden Alternativen zu (am besten notieren). Überprüfen Sie noch einmal, dass beide Möglichkeiten gleichwertig hinsichtlich eventueller Risiken und Chancen sind.

2. Nehmen Sie sich vor, das Ergebnis der Münzbefragung auf jeden Fall zu akzeptieren, außer Sie haben spontan ein gegenteiliges Gefühl / einen massiven Widerstand. Dann gehen Sie der anderen Alternative nach.

3. Werfen Sie die Münze und folgen Sie dieser Entscheidung (außer besagte Reaktion tritt spontan auf – siehe bei Punkt 2.).

Übung:

Lassen Sie probehalber einmal den Münzwurf entscheiden, welche Hose / welches Kleid Sie morgens anziehen oder welche Marmelade Sie auf Ihre Brötchen streichen. So machen Sie sich für echte Entscheidungsnotstände mit dieser Methode vertraut.

Bei mehr als zwei Alternativen hilft ein Würfel weiter, bei noch mehr kann man eine Zettelbox mit den Alternativen anlegen und einen davon ziehen.

44. Musik hören, Musik machen

Frau Musil wollte nächsten Monat eine lange geplante Psychoanalyse beginnen. Ihr Ziel war, durch Aufarbeitung ihrer Kindheit und der frühen Ehejahre wieder zu der abhanden gekommenen inneren Ruhe zu finden. Der Arzt hatte zu diesem Schritt geraten, leider bekam sie keine Kostendeckungszusage von ihrer Krankenversicherung, so dass sie auf Ersparnisse zurückgreifen wollte.

Durch Zufall war sie nun an Konzertkarten für einen Orchesterabend gekommen und freute sich besonders darauf, weil sie seit ihrem Unfall vor fast zehn Jahren so etwas nicht mehr gemacht hatte. Es wurde ein Potpourri aus Wagner, Beethoven und modernen Stücken gespielt und in Frau Musil machten sich innere Ruhe und Frieden breit.

Die Woche darauf besuchte sie erneut ein Konzert; diesmal standen Mozart und Strauß auf dem Programm und wieder trat dieses angenehme Gefühl auf; ja, es hielt sogar noch einige Zeit nach Ende des Abends an. Nun bat sie ihren Mann darum, ihr das Cello wieder aus dem Schrank zu holen; sie versuchte, im Rollstuhl eine passende Haltung einzunehmen und war überrascht, dass sie in all den Jahren nicht viel verlernt hatte.

Am Abend, nachdem sie mehr als zwei Stunden gespielt hatte, beschloss sie, die Psychoanalyse erst einmal hinauszuschieben, ihren Platz jemand zu überlassen, der ihn vielleicht dringender bräuchte und es stattdessen wieder mit der Musik zu versuchen.

Die Wirkung von Musik (sowohl passiv genossen als auch aktiv gespielt oder gesungen) ist allgemein bekannt und wird auch zunehmend therapeutisch für die Beeinflussung des inneren Befindens eingesetzt. Dabei können die von ihr ausgehenden Impulse Wirkungen auslösen, die sonst nur sehr schwer erreichbar sind.

Ich selbst entdeckte diesen Effekt als junger Mann während eines Kinofilms über Mozart (wieder) und nutze ihn seitdem gezielt.

Übung:
Testen Sie, welche Musik bei welcher Gelegenheit eine angenehme Wirkung auf Sie hat – versuchen Sie, ob sich das wiederholen lässt. Wenn Sie mutig sind, probieren Sie Musikrichtungen oder Interpreten, die Sie sonst eher meiden. Falls Sie gerne tanzen, versuchen Sie dasselbe mit Tanzmusik.

45. Musterunterbrechung

Frau Mucke ist sauer: Immer wenn ihre Kinder von der Schule zurückkommen, fliegen Schultaschen, Schuhe und Jacken einfach in den Flur. Sie schimpft dann, räumt die Sachen auf bzw. trägt sie in die jeweiligen Zimmer.

Dem Rat einer Freundin folgend, versucht sie nun etwas ganz anderes: Noch bevor die Kinder zurückkommen, verstreut sie Bücher und Winterschuhe ihrer Sprösslinge im Flur, so dass kaum noch ein Durchkommen ist. Keines der Kinder wagt, noch etwas dazu zu legen. Nach drei Tagen beschweren sich die Heimkehrer über die Unordnung und sehen ein, dass sich hier etwas ändern muss.

Bei der Musterunterbrechung kommt es vor allem darauf an, dass man wirklich etwas anderes macht als bisher. Das heißt, nicht mehr von dem, was bisher schon nicht funktioniert hat (mehr schimpfen, strengere Regeln etc.). Frau Mucke hätte genauso Erfolg haben können, wenn sie die Kinder vor der Tür begrüßt und sie in ein Gespräch verwickelt oder zum Empfang laute Musik im Flur gespielt hätte.

Ein anschauliches Beispiel liefert der Pionier der Stottertherapie, van Riper: Er lässt die Stotternden statt dem gewohnten „Äh, äh" eine Variante wie „Öh, öh" oder sogar „Umba, umba" sagen. Manche Therapeuten (nach Bernhard Trenkle) raten oder verbieten ihren Klienten z.B. Schach zu spielen (also jeweils das Gegenteil davon, was diese bisher getan haben) – und erzielen damit verblüffende Erfolge.

Oder diese musterunterbrechende Entgegnung, die Erich Maria Remarque im Roman »Der schwarze Obelisk«, schildert:
»Da sehen sie es«, sagt Heinrich bitter zu Riesenfeld. »Dadurch haben wir den Krieg verloren: Durch die Schlamperei der Intellektuellen und durch die Juden.« »Und die Radfahrer.« ergänzt Riesenfeld. »Wieso die Radfahrer?« fragt Heinrich erstaunt. »Wieso die Juden?« fragt Riesenfeld zurück.

Übung:
Falls gerade kein akutes Problemmuster vorhanden ist, verändern Sie einmal probeweise ein gewöhnliches Alltagsmuster (z.B. Rituale beim Essen oder in der Wochenendgestaltung) in einer bisher nicht versuchten Weise. Beobachten Sie, wie sich das Verhalten der Beteiligten und Ihr eigenes Erleben der Situation verändert.

46. „Nächstes Problem bitte!"

Bei Nadja Nagel in der Beratungspraxis rief eine ihr unbekannte Frau an und bat um einen dringenden Termin. Also bestellte sie die Klientin gleich für den nächsten Abend ein. Zu ihrem Erstaunen gab diese als Beratungsgrund den Wunsch an, vom Rauchen wegzukommen. Das ist ja unglaublich, dachte sich Nadja. So eine Lappalie! Damit hätte sie auch irgendwann kommen können. Ihr Ärger wiederum machte sie nachdenklich: Was, wenn die Frau sich vielleicht nicht getraute, mit dem echten Problem herauszurücken?

Spontan stellte sie die Zigarettenschachtel der Klientin, deren Feuerzeug und eine Wasserflasche in eine Reihe. Dann warf sie die Schachtel um und fragte: „Was, wenn dieses Problem gelöst wäre – was käme dann an die Reihe?"

Doch auch das darauf folgende Thema schien keinen Grund für einen eiligen Termin abzugeben, also warf sie auch das Feuerzeug um und wiederholte die Frage, indem sie das zweitgenannte Thema ebenso 'überging'. Plötzlich brach die Klientin in Tränen aus und schluchzte: „Meine Mutter liegt im Sterben und ich bringe nicht fertig, ihr etwas zu verzeihen, das sie mir angetan hat."

Vielleicht kennen Sie auch dieses Gefühl, das im obigen Beispiel auf Seiten der Beraterin entstand: Sie arbeiten für sich an einer Lösung, haben aber den Eindruck, es ginge Ihnen um etwas anderes. Dann können Sie einfach mal „so tun, 'als ob'" und sich fragen, welches Thema Ihnen danach, also nachdem das aktuelle Thema bearbeitet wäre, unter den Nägeln brennen würde. Achten Sie dabei aber darauf, dass Sie Ihre Probleme nicht utopisch („die ganze Welt müsste sich ändern"), sondern stets möglichst lösbar und konkret („ich sollte mich vielleicht ab und zu politisch engagieren") formulieren.

Übung:
Sortieren Sie probeweise Ihren Bestand an Problemen, die Sie gerne gelöst sähen, nach dem Leidensdruck, den diese bei Ihnen hervorrufen (z.B. mittels einer Skala von 1-10) – auch innerhalb eines konkreten Themas, z.B. Arbeiten am Haus:

Wichtigkeit 10 (höchste): Das kaputte Schloss am Eingang tauschen.
Wichtigkeit 8 (hoch): Die tropfende Dachrinne reparieren lassen.
Wichtigkeit 5 (mittel): Die Fassade neu streichen lassen.
Wichtigkeit 3 (eher niedrig): Neue Bäume im Vorgarten pflanzen.
Wichtigkeit 1 (niedrig): Einen zusätzlichen Kompostbehälter kaufen.

47. Neugier

Zunächst glaubte Frau Neumann dem Professor, als er ihr noch eine Lebenserwartung von einem halben Jahr zugestand. Aber irgendetwas in ihr sträubte sich dagegen, das widerspruchslos hinzunehmen. Um Abstand zu gewinnen, packte sie ihre Reisetasche und fuhr in Richtung Osteuropa los. Sie hatte irgendwo gelesen, dort gäbe es viele Alternativmediziner und Wunderdoktoren, die schon manchem hoffnungslosen Fall das Leben verlängert hätten. Dabei ging es Frau Neumann weniger darum, die Wahrheit über ihren Zustand zu erfahren, sie war einfach neugierig, was andere dazu meinen und vor allem: welche Behandlung sie vorschlagen würden.

Mit Hilfe örtlicher Übersetzer lernte sie in den folgenden Wochen viele interessante und skurrile Menschen kennen und hörte sich geduldig deren Ratschläge an. Dabei ging es um Wallfahrtsorte, zu denen sie mit gläubigem Herzen pilgern solle, über eine russische Strahlentherapie bis hin zu diversen Wundermitteln aus Knoblauch, Zwiebeln und Honig. Das mit dem Honig machte sie neugierig, hatte doch schon ihre Großmutter auf seine Heilkraft geschworen und sie selbst hatte in letzter Zeit den Eindruck, mehr davon essen zu müssen. Tatsächlich schaffte sie es, täglich die geforderte Menge (ca. 100g) zu sich zu nehmen. Als sie ein halbes Jahr später in der Klinik auftauchte, schien der Professor überrascht. Auch die weiteren Untersuchungen brachten Erstaunliches zu Tage: Magen- und Darmtumore waren deutlich verkleinert, neue Geschwüre nicht auszumachen. Zwei Jahre später lebt Frau Neumann noch immer – und sie isst weiterhin täglich ihre Portion Honig, dem sie ihre unerwartete Genesung zuschreibt.*

Was ist das Gegenteil von Neugier? Sattheit? Selbstzufriedenheit? Vermutlich wird Neugier vor allem dadurch unterdrückt, dass man sich sicher ist, alles Wissenswerte zu einem bestimmten Thema (oder einer Person) bereits wahrgenommen zu haben. Neugierig sein hieße dann, sich zu öffnen für andere Perspektiven, Sichtweisen, Aspekte etc.

Bei der Suche nach Lösungen zeigt sich das Fehlen von Neugier häufig als folgenschwerer Mangel. Neugier hängt nämlich mit Hoffnung und Zuversicht zusammen. Und das sind erfahrungsgemäß starke Antreiber, die selbst schwierigste Lebenslagen in einem neuen Licht erscheinen lassen können.

Dabei muss sich die Neugier gar nicht unbedingt in bestimmten Aktivitäten zeigen – bereits eine neugierige Haltung kann einen großen

Unterschied bewirken. Auch im Gespräch mit anderen, beim Zuhören kann eine innere Haltung, die lautet „Ich bin mal neugierig, wie er/sie damit umgehen wird", andere Signale aussenden als z.B. „Dieser arme, bedauernswerte Mensch, das muss ja furchtbar schlimm sein". Während sich eine neugierige Haltung leicht übertragen lässt und den anderen mit Zuversicht erfüllen kann, hält ihn das Bedauern eher in seiner Leidensperspektive gefangen.

Selbstverständlich gibt es Lebensrisiken und Ereignisse, die sich nicht 'lösen' lassen und die einfach hinzunehmen sind. Trotzdem kann man auf vielerlei Weisen mit so etwas umgehen, was einen großen Unterschied im täglichen Leben ausmacht. Hätte sich Frau Neumann aus dem Beispiel, statt neugierig auf die Reise zu gehen, aufgegeben – wer weiß, ob ihr der Honig auch auf dem Krankenbett oder in den eigenen vier Wänden geholfen hätte?

Von einem sehr reichen Geschäftsmann wird erzählt, er habe demjenigen, der sein (aufgrund eines Krebsleidens zu Ende gehendes) Leben verlängern kann, pro Jahr des Überlebens einen großen Geldbetrag versprochen. Tatsächlich ließ sich ein Arzt auf das Angebot ein und er soll heute, mehrere Jahre später, sehr wohlhabend sein. Auch hier könnte die Neugier und Motivation des Kranken eine zumindest ebenso große Rolle gespielt haben wie die eigentliche Behandlung.

Übung:
Neugier kann man sich nicht befehlen (das wäre paradox) – aber es ist möglich, sich beim Neugierigsein oder schon früher, beim Wundern (z.B. über ein Phänomen) zu ertappen und dann diesem kindlichen Drang ausführlich nachzugehen.

Manchmal funktioniert es auch, sich von der Neugier anderer anstecken zu lassen, z.B. wenn einem von neuen Büchern, einer besonderen Ausstellung oder außergewöhnlicher Musik erzählt wird. Leider meint man im Laufe des Älterwerdens oft, schon alles Wichtige gesehen oder gehört zu haben. Diesem Hang zu widerstehen und sich auf Neues einzulassen, kann die eigene Neugier wach halten und stärken.

** Das Beispiel mit dem Honig hat mir eine ältere Dame erzählt, die es an sich selbst in etwa so erlebt hat. Immer wenn ich sie in meine Buchhandlung kam, war ihr Begrüßungssatz: Sehen Sie, ich lebe noch!*

48. Neu anfangen

Auf dem 30. Parteitag der „Blauen" in Neuburg war die Hölle los: Die Delegierten stritten sich um manche Punkte zwei Stunden, obwohl diese nur für das Parteistatut, nicht aber für die praktische Politik von Bedeutung waren. Gegen Ende des zweiten Tages wurde es dem Vorsitzenden zu bunt. Er trat ans Rednerpult und beantragte die Selbstauflösung der Partei. Ein Raunen ging durch den Saal, damit hatte niemand gerechnet. Nach heftiger Debatte wurde dem Antrag und der dahinter stehenden Strategie zugestimmt: Statt der einen, in sich zerstrittenen Partei sollten nun drei neue gegründet werden. So konnte jede Interessengruppe ihre Wünsche und Vorstellungen behalten und wieder mit ganzem Herzen bei der Sache sein. Bei der nächsten Wahl gewannen die drei neuen Parteien zusammen deutlich mehr Stimmen als die alte für sich allein.

Tatsächlich hört man bei Lösungsgeschichten häufig, dass es zu einem bestimmten Zeitpunkt einen radikalen Schlusspunkt in einer Situation gab und danach ein Neuanfang stattfand. In der Geschichte (Kriegsende, Währungsumstellung, Regierungswechsel) oder in der Wirtschaft (neuer Chef, Firmenübernahme, ein neues Produkt) taucht dieses Phänomen immer wieder auf. Sogar im Sprichwort „Neue Besen kehren gut" hat es sich niedergeschlagen.

Sinnvoll ist jedoch, vor einem solchen Neustart zu fragen, was bisher „so gut war, dass es auch in Zukunft nach Möglichkeit bleiben sollte" – sonst vernichtet man unbedacht wertvolle Ressourcen.

Auch muss ein Neuanfang nicht immer so radikal umgesetzt werden wie im obigen Beispiel. Es hätte womöglich auch ausgereicht, die innerparteiliche Struktur der Partei zu optimieren und so die unterschiedlichen Strömungen besser miteinander ins Gespräch und eine sportlich-faire Auseinandersetzung zu bringen.

Übung:
Wenn Sie etwas mit Spaß erledigt haben (z.B. einen Brief geschrieben), nehmen Sie sich gelegentlich die Zeit und fangen Sie einfach noch einmal von vorne an. Vergleichen Sie am Ende beide Ergebnisse miteinander. Ideal wäre, wenn dazwischen mehrere Tage Abstand liegen würden.

49. Nichts tun

Nicki war in Sorge, dass sich ihre heranwachsenden Kinder immer weiter von ihr entfernen würden. Oft saß sie allein zu Hause, während die beiden Töchter (15 und 17) auf Achse waren. Zuerst war sie betroffen, als in der Familienberatung die Sprache auf die Beziehungsebene kam. Schließlich hatten sie eine gute Beziehung – auf Nachfrage musste sie allerdings einräumen, dass es zwischen ihr und den Mädchen meist um praktische Angelegenheiten ging.

Und so war sie mit der 'Hausaufgabe' des Therapeuten fast überfordert: Einmal nichts (aktiv) tun, um den Kontakt zu verbessern; stattdessen nur beobachten, wann Kontakt da ist und sich dafür dann Zeit und Aufmerksamkeit nehmen. Das war eine harte Nuss, gelang es ihr doch kaum, zu sich selbst eine gute Verbindung zu halten.

Vor vielen Jahren erschien ein Buch mit dem Titel „Arbeit macht die Welt kaputt" – das war vielleicht etwas übertrieben formuliert, in vielen Fällen verschärft jedoch aktives Eingreifen die Lage (oder Beziehungen) tatsächlich, statt sie zu bessern.

Zutreffend schreibt dazu Rosario Castellanos: „Die Dinge reifen mit der Zeit. Letzten Endes ist es sinnlos, ja ermüdend und geradezu hinderlich, Taten zu überstürzen und Prozesse zu forcieren, die eben erst begonnen haben und in ihrer Entwicklung zwar nicht beschleunigt, aber durchaus gestört werden können."

Nichts tun kann dann auch heißen: „Etwas anderes tun", „Etwas Sinnvolles tun" bzw. „Nichts tun und einfach da sein".

Übung:
Idealerweise üben Sie das „Nichtstun", wenn sich in einer Sache auch „nichts tut" – also im Sinne des "Gleiches mit Gleichem – positiv".

Setzen Sie sich dann eine Frist, die Sie ohne Aktivitäten (möglichst auch ohne besondere Denkanstrengungen) verstreichen lassen. Beobachten und notieren Sie, was in dieser Zeit geschieht, und registrieren Sie jeden noch so kleinen Fortschritt, Rückschritt, Seitwärtsschritt oder überhaupt jeden Unterschied in der Angelegenheit, den Sie wahrnehmen können. Greifen Sie erst dann ein, wenn die selbstgesetzte Frist vorbei ist.

50a. „Noch etwas?"

Noa war einer der besten Tennisspieler seines Verbandes. Nach dem Ende der aktiven Zeit verpflichtete ihn der Bundestrainer als Coach und bat ihn, ein Trainingsprogramm für die Nachwuchstalente aufzustellen. Erst jetzt wurde er sich bewusst, dass er sich selbst nicht darüber im Klaren war, warum er eigentlich so gut gewesen war.

Gemeinsam mit einem Sportjournalisten durchforstete er alte Videoaufzeichnungen und konnte regelmäßig noch etwas Nützliches finden.

Aus dem Rahmen der folgenden Fragen, die als Problemlösungswerkzeuge eingesetzt werden können, sticht die „Noch etwas?"-Frage durch ihre vielseitige Einsetzbarkeit hervor. Der Autor beobachtet während Übungsgesprächen im Rahmen der Berater-Ausbildung immer wieder Folgendes: Kaum ist es Berater und Klient gelungen, eine Ausnahme von Beschwerden zu finden oder etwas zu benennen, das trotz einer problematischen Situation noch in Ordnung ist, setzt der Berater sofort mit der nächsten Frage oder Intervention an.

So entgehen beiden Seiten wertvolle Informationen, die für den weiteren Beratungserfolg von großem Nutzen sein könnten. Deshalb gilt die Faustregel: bei nützlichen Aussagen von Seiten des Interviewpartners so oft es geht „Noch etwas?" fragen und schauen, ob es noch mehr Brauchbares gibt. Es kann so lange weitergefragt werden, bis tatsächlich keine neuen Informationen mehr kommen. Auf jeden Fall werden so die (stets vorhandenen aber häufig übersehenen) Ressourcen des Probleminhabers stärker beachtet und dem Problem selbst die Aufmerksamkeit entzogen.

Übung:
Lassen Sie sich von jemand zur Frage interviewen, was in Ihrem Leben so ist, dass es das Leben lebenswert erscheinen lässt. Dabei besteht die Aufgabe des Interviewers lediglich darin, die „Noch etwas?"-Frage zu stellen, sobald Sie nichts mehr sagen und Ihre Antworten mitzuschreiben.

Legen Sie einmal testweise ein Geldstück auf den Weg vor eine Sitzbank, setzen Sie sich hin und beobachten Sie: Die meisten, die nach dem Geldstück greifen, schauen danach weiter auf den Boden, ob da nicht noch etwas Wertvolles oder mehr Geld liegt ...

50b. Nützliche Fragen

Zu Frau Neulich-Nützlich, einer Heidelberger Verhaltenstherapeutin, kamen immer mehr Studenten, die ihre Sitzungen selbst bezahlen mussten. Um die jungen Leute nicht unnötig finanziell zu belasten, hatte sie sich eine innovative Methode ausgedacht: Im Wartezimmer legte sie eine lange Liste von nützlichen Fragen aus und bat die Klienten, sich diese vorher aufmerksam durchzulesen. Begann dann die eigentliche Sitzung, fiel es in der Regel nicht mehr schwer, Lösungsprozesse anzustoßen – meist wussten die Klienten dadurch schon, welche Frage zu ihrer Situation oder dem speziellen Problem passte. Die Therapeutin wiederholte diese dann und knüpfte daran das Beratungsgespräch an.

Ob eine bestimmte Frage als Lösungswerkzeug tatsächlich passend ist, wird jeweils erst ein Versuch zeigen. „Nur wenn die Antwort nützlich ist, können wir sagen, dass auch die Frage nützlich war." – so drückt es Steve de Shazer aus. Vielleicht wird sich mancher Leser beim Anblick der vielen Fragen fragen, wie man so viele Fragen behalten kann; die Erfahrung zeigt hier, dass sich die besonders wirkungsvollen durch ihre häufige Verwendung wie von selbst einprägen.

Noch eine Beobachtung von de Shazer: Therapeutische Fragen werden häufig vom Klienten nicht in der Weise verstanden, wie sie vom Berater gemeint waren; trotzdem können sie sinnvoll sein, da es auch 'kreative Missverständnisse' gibt. De Shazers Kommentar zu diesem Phänomen: „The answer you get tells you what question you have asked." (Erst die Antwort verrät dir, welche Frage du gestellt hast).

Selbstverständlich können Sie auch für die jeweilige Situation passende Fragen entwerfen – denn die meisten der hier gesammelten Interventionen wurden von Therapeuten (vgl. Literaturverzeichnis) oder vom Autor irgendwann für einen bestimmten Klienten zum ersten Mal verwendet und dann als nützlich erkannt.

Nun die Sammlung möglicherweise nützlicher Fragen

1. Ermunterungen (um jemand im Redefluss zu halten)
- noch was?
- und ...?
- ja...?
- hm ...?

- ach so!
- okay
- mmh...
- gut ...
- und was noch?
- und wie noch?
- und wer noch?
- was zum Beispiel?
- sehr schön!
- das verstehe ich noch nicht ganz

2. Fragen nach der Vergangenheit
Die Beschäftigung mit der Vergangenheit kann durchaus fruchtbar
sein; es kommt nur darauf an, wie man fragt.
2.1 Wann war es zum letzten Mal so, dass Sie sagen würden: „es war
o.k."?
2.2 Was war anders, als es o.k. war? Wie haben Sie das gemacht/zuge-
lassen?
2.3 Was war in der Vergangenheit so, dass Sie es sich wieder wünschen?
2.4 Angenommen, dieses Thema hätte Ihnen nie Probleme gemacht,
welche 'Nebenwirkungen' bzw. Erfahrungen hätten Sie trotzdem
gerne gemacht?
2.5 Gab es einen Zeitpunkt, an dem Sie etwas anderes hätten tun können, damit die Sache eine andere Richtung genommen hätte? Können
Sie dies nachholen?
2.6 Gab es eine Situation in Ihrem Leben, die Ihnen ähnlich zugesetzt
hat? Was/wer hat Ihnen damals am meistens geholfen?
2.7 (bei Rückfällen) Was haben Sie vergessen, um (erneut) in diese
Lage zu geraten?
2.8 Wenn Sie sich für den bisherigen Umgang mit dem Thema selbst
Komplimente machen sollten, welche wären das?
2.9 Welche Leitsätze haben Ihnen bisher in schwierigen Situationen
geholfen?
2.10 Haben Sie schon einmal versucht, weniger zu tun, um das Thema
zu klären, es zu ignorieren oder sogar so zu tun, als existierte es gar
nicht mehr?

3. Fragen nach der Zukunft
Falls die Vergangenheit keinen Lösungsansatz bietet, lohnt es unter
Umständen, sich der Zukunft zuzuwenden. Dies kann die Wahrneh-
mung der Gegenwart deutlich verändern.

3.1 Woran würden Sie merken, dass Sie Ihr Ziel erreicht haben/Ihr Problem gelöst ist?

3.2 Was wären die ersten Anzeichen für eine Veränderung in Richtung Lösung?

3.3 Angenommen, Ihr Problem würde sich über Nacht lösen, ohne dass Sie es sofort mitbekommen – was würde Ihnen im Laufe der nächsten Tage auffallen? Was würden andere in Ihrer Umgebung merken?

3.4 Was müssten Sie ab heute tun, um Ihre Lage in der beklagten Sache weiter zu verschlechtern bzw. den derzeitigen Stand aufrechtzuerhalten?

3.5 Angenommen, es ginge Ihnen ohne Ihr Zutun wieder optimal. Wie könnten Sie den derzeitigen Zustand wieder absichtlich herbeiführen?

3.6 Bei wem wird die Verwunderung am größten sein, wenn Sie Ihr Problem gelöst haben?

3.7 Angenommen, die Situation wäre unveränderlich oder würde sich weiter verschlimmern. Was wäre das Allerschlimmste, was Ihnen passieren könnte, und wie würden Sie damit zurechtkommen?

3.8 Angenommen, in einigen Jahren kommt Ihre Tochter (Sohn, Mutter ...) mit exakt demselben Problem zu Ihnen. Was könnten Sie wohl für Tipps geben?

3.9 Angenommen, Ihr Thema wäre nicht mehr existent, was würde Ihnen fehlen?

3.10 Angenommen, das aktuelle Problem wäre gelöst, welches würden Sie dann als nächstes angehen? Haben Sie die Möglichkeit, dieses zuerst zu lösen?

3.11 Angenommen, in einiger Zeit haben Sie das aktuelle Problem gelöst, wie werden Sie dann im Rückblick dazu sagen? (Welchen Namen bekommt das gelöste Problem?)

4. Fragen nach der Gegenwart

Man könnte vielleicht meinen, über die Gegenwart wäre dem Probleminhaber bereits alles Wissenswerte bekannt – Tatsache ist aber, dass häufig gerade die Perspektive ausgelassen wird (Tabu/blinder Fleck), die einen Lösungsansatz bietet. Dabei können es, gerade bei Fragen nach der Gegenwart, für einen Außenstehenden unspektakuläre Kleinigkeiten sein, die einen lösungsrelevanten Unterschied ausmachen.

4.1 Was in Ihrem Leben ist so, dass Sie es möglichst unverändert lassen wollen?

4.2 Was soll in dieser Beratung geschehen, damit Sie sagen können: „Es hat sich gelohnt, hierher zu kommen"?

4.3 Welche derzeitige Schwachstelle würde, wenn Sie ausgeglichen wäre, den größten Unterschied bzw. die deutlichste Veränderung bewirken?

4.4 Angenommen, Sie wären Filmregisseur und sollten eine humorvolle Szene aus Ihrer derzeitigen Situation machen – wie würde der Titel lauten?

4.5 Welchen kleinen Schritt/welche symbolische Geste könnten Sie heute noch tun, um sich in die gewünschte Richtung zu bewegen?

4.6 Wenn Sie alle Möglichkeiten hätten, Ihr Leben zu verändern, was würden Sie sofort machen? Beschreibt das eine Richtung, die Sie einschlagen möchten?

4.7 Angenommen, die Zeit liefe rückwärts (von Ihrem Tod zu Ihrer Geburt) – wie würde das Ihr Denken über die derzeitige Situation beeinflussen?

4.8 Was müsste am Zustand der Welt/an den Naturgesetzen geändert werden, damit Sie unter Ihrem aktuellen Problem nicht mehr leiden würden? Können Sie selbst etwas in dieser Richtung bewegen?

4.9 (bei Klagen, in denen etwas weg gewünscht wird, z.B. „ich möchte nicht mehr ...") Was hätten Sie gerne stattdessen?

4.10 Wenn Sie für einen Moment (als Klient) an meiner Stelle (als Berater) wären, was würden Sie jetzt machen?

5. Sonstige möglicherweise nützliche Fragen
Auch wenn einige davon bereits an anderer Stelle im Buch auftauchen, sollen sie der Vollständigkeit halber hier komplett genannt werden:

5.1 Skalenfragen
Als Einstiegsfrage: „Stellen Sie sich vor, auf einer Skala von 1 bis 10 bedeutet die 1 „der bisherige Tiefststand" und die 10 „die optimale Lage" –
a) Wo befinden Sie sich zurzeit auf der Skala?
b) Wie haben Sie es geschafft, von 1 wieder auf X zu kommen?
c) Wie werden Sie es schaffen, einen Punkt höher zu kommen?
d) Was wird dann anders sein, wenn Sie einen (zwei, drei etc.) Punkte höher sind?
e) Woran werden Sie merken, dass es genug ist?
f) Was sehen andere, wenn Sie auf Ihrer Skala einen Punkt höher sind?
g) Was kann ich (als Berater) tun, damit Sie auf Ihrer Skala einen Punkt höher kommen?

5.2 Metapherfragen – wenn mit einem bildhaften Vergleich gearbeitet wird, diesen aufnehmen und lösungsorientiert weiterfragen, z.B. auf

die Aussage „ich fühle mich wie ein Vogel im Käfig..." kann man fragen:
a) Hat der Käfig eine Tür? Wie schafft es der Vogel, die Tür zu öffnen?
b) Was macht der Vogel, wenn es ihm gut geht?
c) Wäre es ein Unterschied, wenn der Käfig anders eingerichtet wäre wie zurzeit? Inwiefern?
d) Was ist am Käfigdasein so angenehm, dass es möglichst weiterhin so bleiben sollte?
e) Wohin würde der Vogel gerne einmal fliegen?
f) Was redet der Vogel mit anderen Vögeln, wenn er wieder zufrieden ist? etc.

5.3 Zirkuläre Fragen – dabei werden unterschiedliche Perspektiven eingenommen, um ein Thema zu betrachten, z.B.
a) Was würde Ihre Mutter bemerken, wenn Ihr Problem gelöst wäre?
b) Was würde den Kindern auffallen, wenn Sie sich „lockerer fühlen"?
c) Was meinen Sie, würden die Nachbarn sagen, wenn Sie dieses schwierige Thema hinter sich haben? Was würden diese darauf antworten?
d) Was würde der Mensch, der Sie am besten kennt, sagen, wenn es Ihnen etwas besser geht?

5.4 Wortspiele – häufig ändern neue Begriffe auch die Ansicht der Situation, z.B.
a) Sie nennen Ihre Situation „aussichtslos". Welches andere Wort würde sie genauso gut beschreiben? Versuchen Sie mehrere Versionen, bis Sie eine finden, bei der Sie sich besser fühlen.
b) Sie sagen, Sie leiden unter „Depressionen". Wenn Sie ein kleines Kind wären und dieses Wort noch nie gehört hätten, was würden Sie stattdessen sagen?
c) Sie sind ein kultivierter Mensch und beschreiben die Lage sehr rücksichtsvoll – wie würden Sie nach einigen Glas Bier vielleicht – ohne viel zu überlegen – dazu sagen?
d) Angenommen, ein Medizinmann aus einem Naturvolk würde eine Diagnose zu Ihrem Problem stellen, wie könnte die wohl lauten? Welche Therapie würde er vorschlagen?

Übung:
Notieren Sie sich einige der Fragen (die Ihnen besonders nützlich scheinen) in eigenen Worten auf Karteikarten und lesen Sie diese der Reihe nach durch, wenn Sie an einem bestimmten Punkt (auch in einem Telefongespräch oder während einer Beratungssituation) nicht mehr weiter wissen.

51. Pacing – Leading

Patrick Lederer, gerade einmal acht Jahre alt, kam heulend von der Schule nach Hause und zeigte der Mutter immer wieder die ersten Anzeichen der Windpocken-Erkrankung. Frau Lederer ging auf seine Augenhöhe und holte theatralisch ein Taschentuch hervor und zeigte ihr Mitgefühl, danach nahm sie das dicke Gesundheitslexikon vom Regal. Gemeinsam lasen sie, was dort über verschiedene Kinderkrankheiten stand. Nach und nach konnte sie ihn mit Hilfe der Pacing-Technik beruhigen, bis er vor Erschöpfung in einen langen Mittagsschlaf fiel.

Pacing (engl. Schritthalten) dient dazu, rasch eine Basis für ein nützliches Gespräch aufzubauen. Es geht dabei nicht darum, Zuneigung vorzuspielen, sondern Kooperationsbereitschaft zu signalisieren. Dadurch wird rasch ein effektives Arbeitsklima erzeugt. Pacing kann auf folgenden Ebenen geübt werden:

a) Körperhaltung (Arme, Beine, Kopfhaltung, Sitzhaltung im Stuhl, Handbewegungen etc.)
b) Sprache (Stimmlage, Wortwahl, Sprachniveau, Sprech-/Atemrhythmus)
c) innere Haltung (z.B. aufgeregt, dramatisierend, cool, sachlich, ernst etc.)
d) bei Kenntnissen der Naturellwissenschaft auch die naturelltypischen Merkmale

Wenn das Pacing nicht zu auffällig ausgeführt wird, bemerkt das Gegenüber dies in der Regel nicht. Leading (engl. Führen) kann in Folge des Pacings eingesetzt werden, z.B. wenn Sie die Ängste eines Kindes bei einer Krankheit zwar ernst nehmen, es zugleich aber beruhigen wollen, wie im obigen Beispiel.

Übung:
Beobachten Sie einmal, wie viele Gesprächspartner in einem Café oder Restaurant bzw. beim Spazierengehen ähnliche Körperhaltungen zeigen; in der Regel ist dies ein Zeichen für Verständnis und Sympathie.

Wenn Sie ein unangenehmes Gespräch indirekt beenden möchten, probieren Sie einmal das Gegen-Pacing: Stellen Sie sich sprichwörtlich 'quer' (das Gegenteil der obigen Regeln). Für Fortgeschrittene: Üben Sie es am Telefon.

52. „Ordeals"– Heilsame Torturen

Der amerikanische Arzt und Hypnosetherapeut Milton H. Erickson (1901-1980) war berühmt für die ungewöhnlichen Aufgaben, die er seinen Patienten stellte. Er ließ sie üben, Kirschkerne möglichst weit zu spucken, schickte sie zum Friseur, zur Maniküre oder einfach zum Wandern. Die Psychotherapieforschung (z.B. von Bandler und Grinder) hat diesen Aspekt seiner Arbeit bisher eher vernachlässigt und sich stattdessen mit den rein psychologischen Methoden auseinander gesetzt. Dabei beruhte offensichtlich der Erfolg für die Patienten nicht selten gerade auf seinen nicht-psychologischen Interventionen.

Auf Nachfrage bei Ausbildungs- und Kursteilnehmern erhielt der Autor über die Jahre eine große Anzahl an bereits erprobten 'nicht-psychologischen' Möglichkeiten, die eigene Befindlichkeit zu bessern bzw. Probleme zu lösen. Einige davon sollen im Folgenden vorgestellt werden:

a) Eine Beziehung eingehen (sich verlieben, heiraten). Nicht selten bessert sich die menschliche Befindlichkeit allein dadurch, dass Menschen (wieder) einen (geeigneten) Partner an ihrer Seite haben. Diese Möglichkeit wird viel zu selten mit dem 'psychischen Befinden' in Zusammenhang gebracht.

b) Betrachten von Kunst. Der Gang durch eine Galerie oder ein Museum kann eine positive Wirkung auf die Befindlichkeit ausüben. Auch gute Bildbände wirken dementsprechend.

c) Aufenthalt in der freien Natur. Im Wald, am Meer oder auf einer Wiese verändert sich bei den meisten Menschen die Stimmung. Jedoch kann auch eine Verschlechterung eintreten, z.B. wenn die gewählte Umgebung als unangenehm erlebt wird.

d) Arbeiten. Manchmal hilft es, statt über Probleme oder die Befindlichkeit zu grübeln, sich in Arbeit zu stürzen. Dies kann vor allem in Zeiten geeignet sein, in denen man zur Lösung des Problems nichts beitragen kann.

e) In Urlaub fahren. Bevorzugt dorthin, wo es einem bereits früher gut gefallen hat; auch Kurzurlaube sind denkbar, ebenso ein Kino-, Restaurant- oder Theaterbesuch.

f) Religiöse Rituale (Gebet, Meditation, Wallfahrten etc.). Eine der ältesten Möglichkeiten, seinen inneren Frieden wiederzufinden. Bevorzugt sollten Rituale wiederholt werden, die bereits früher geholfen haben.

g) Schreien. Lautes Schreien kann eine befreiende Wirkung haben. Geeignete Orte hierfür können ein einsamer Wald, ein fahrendes Auto etc. sein. Manche Menschen (z.B. Jugendliche) suchen sich irgendeinen Grund, um zu schreien, etwa, indem sie auf ein lautes Konzert oder in ein Stadion gehen.

h) Singen. Ob alleine oder in einem Chor, singen scheint eines der universellsten Mittel zur Verbesserung der Befindlichkeit darzustellen. Wer schlecht singt, kann dies z.B. beim Autofahren oder in der Badewanne tun. Auch das 'Mitsingen' von Liedern ist oft hilfreich (ebenso summen, pfeifen, brummen).

i) Auf einen Boxsack einprügeln. Kann bei Aggressionen, Schlafstörungen und Verspannungen helfen. Der Effekt beim Holzhacken, beim Umgraben des Gartens oder beim Einreißen von Wänden soll ähnlich sein.

j) Probleme bündeln und 'nach oben werfen'. Scheint manchen Menschen zu helfen – das 'nach oben werfen' meint, die Lösung der Probleme ausnahmsweise nicht selbst anzugehen (z.B., weil man den Eindruck hat, nichts dazu tun zu können) und stattdessen einer übergeordneten Instanz anzuvertrauen. Verwandt mit der östlichen, schicksalsergebenen Lebenshaltung.

k) Ein weiches Bett herrichten und sich hinein fallen lassen. Funktioniert anscheinend vorwärts und rückwärts. Diese Technik benutzen schon Kinder, die meisten Erwachsenen vergessen es leider wieder (auch: 'ins Wasser fallen lassen').

l) Entspannungsübungen. Dabei nicht über das Problem nachdenken. Am Einfachsten verwendet man die Methode, die man bereits kennt; sonst einfach einen entsprechenden Kurs buchen.

m) In einem frisch bezogenen Bett liegen. Auch dies möglicherweise eine Erinnerung an die Kindheit – dadurch lassen sich Ressourcen und Wohlgefühle wachrufen, die man im Moment vielleicht vergessen hat.

n) Konfrontation mit der unangenehmen Situation. Statt wegzulaufen wird versucht, sich dem Problem absichtlich auszusetzen (z.B. wiederholt in einen Keller zu gehen, vor dem man sich fürchtet). Bekannte Methode aus der Verhaltenstherapie, ursprünglich aber keine psychologische Methode, sondern eher ein Initiationsritus beim Erwachsenwerden.

o) Ausgehen mit Freunden oder einer Freundin – egal, welche Aktivitäten, Hauptsache, raus aus dem üblichen Trott.

p) Hände auf den Bauch legen. In dieser Haltung (die auch auf historischen Gemälden verbürgt ist) scheinen sich problematische Situationen anders darzustellen. Einfach mal versuchen. Das Gleiche gilt für „Hände zusammenlegen", „auf einem Bein stehen" oder „Arme hinter dem Kopf verschränken".

q) In der Badewanne liegen. Funktioniert auch im Schwimmbad, wichtig ist das Gefühl der Leichtigkeit bzw. Schwerelosigkeit (erinnert uns vielleicht an den Aufenthalt im Mutterleib).

r) Alkohol. In vernünftigen Maßen kann er durchaus helfen, Probleme aus einer anderen Perspektive zu sehen, idealerweise im Zusammensein mit guten Freunden versuchen.

s) Nähe zum Partner (bei Kindern zu den Eltern). Eine Umarmung, ein gemütliches „Kopf in den Schoß legen" weckt das Urvertrauen und lässt Stress und Sorgen vergessen. Ähnliches gelingt manchen Menschen auch mit einem Haustier.

t) Etwas/jemand fest drücken, z.B. ein Stoff- oder Haustier (auch ein Pferd, eine Ziege, ein Lama etc.), ein Kissen, einen Freund. Hilft auch noch im Erwachsenenalter.

u) Sich etwas Leckeres kochen und gemütlich essen.

v) Sich etwas Besonderes zum Essen kaufen und ohne schlechtes Gewissen genießen.

w) Ein Feuer oder eine Kerze anzünden und hineinsehen.

x) Einen Purzelbaum schlagen. Das machen manche Kinder als Entspannungsübung auf dem Bett. Bitte nicht versuchen, wenn Sie unter

Rückenbeschwerden leiden.

y) Sich besonders schön anziehen, auch ohne speziellen Anlass.

z) Körperpflege, auch als Dienstleistung von Dritten (Friseur, Maniküre, Kosmetikstudio).

Übung:
Legen Sie sich Ihre eigene Liste 'nicht-psychologischer' Techniken an,
die Ihnen helfen, es sich gut gehen zu lassen. Wenn Sie etwas entdeckt
haben, das noch nicht in dieser Sammlung zu finden ist, können Sie es
dem Autor schreiben.

Um die Benutzung zu vereinfachen, bringen Sie diese Liste in eine
persönliche Reihenfolge, indem Sie zu jedem Punkt eine Bewertung
(z.B. von 1-10) notieren. Wenn Sie dann das nächste Mal in schlechter
Verfassung sind, versuchen Sie das, was die höchste Punktezahl hat
und sich am einfachsten umsetzen lässt.

Ergänzen Sie diese Liste weiter und beobachten Sie auch bei Ihren Mit-
menschen (besonders bei Kindern), ob Sie von ihnen neue Methoden
abschauen können. Auch in der Presse, in Filmen oder Büchern lässt
sich so etwas entdecken.

53. Pink Elephant (rosaroter Elefant)

Der kleine Elmar hatte panische Angst vor dem Zahnarztbesuch entwickelt. Im Gespräch stellte sich heraus, dass er am meisten fürchtete, mit offenem Mund seine Schmerzstärke nicht mitteilen zu können. Der Zahnarzt bot ihm dafür die Unterstützung durch seinen rosaroten Elefanten an: Dieser stünde direkt neben dem Behandlungsstuhl und würde seinen Rüssel heben, wenn der Schmerz für den Patienten zu stark sei. Der Elefant könne die Schmerzstärke an der Augengröße erkennen – Elmar müsse also nur die Augen auf- und zumachen, je nachdem, wie sehr es weh täte. Als ihm die Helferin noch ein Bild zeigte, auf dem tatsächlich ein rosaroter Elefant neben dem Zahnarzt stand, setzte er sich in den Stuhl: Tat es nicht weh, schloss er die Augen und öffnete sie, wenn die Behandlung ihm Schmerzen bereitete. Von da an wollte er zu keinem anderen Zahnarzt mehr.

Im Gegensatz zur inneren Haltungsänderung (z.B. die Vorstellung, man ginge als „Tiger" in eine schwierige Situation) steht die Metapher „Pink Elephant" für einen imaginären Begleiter außerhalb der eigenen Person. Statt des Elefanten im Beispiel, der dem kleinen Jungen den Gang zum Zahnarzt erleichtert, benutzen manche Menschen (auch Erwachsene) andere Bilder, z.B. Engel, Heilige, Schutzgeister oder die verstorbene Tante*. Unabhängig davon, für wie 'wirklich' der Einzelne diese Begleiter hält, stets gelingt es dadurch, sich selbst in einer gewünschten Weise anders wahrzunehmen.

Gefährlich wird es allerdings dann, wenn sich aus der verwendeten Bilderwelt unerwünschte Nebenwirkungen ergeben. So kann es passieren, dass nicht nur hilfreiche Mächte ('die gute Fee') die Vorstellungswelt bereichern, sondern dass parallel deren Gegenkräfte ('Geister', 'Dämonen' etc.) auftreten. Leider neigen viele Mythen oder Religionen dazu, ihre Überlieferung als absolut wirklich darzustellen, was bei weniger kritischen Menschen (oder Kindern) dazu führen kann, dass sie Dinge aus der „unsichtbaren Welt" für ebenso real wie den Alltag halten. Damit liefern sie sich jedoch mehr oder weniger den darin vorhanden geglaubten Kräften aus. Zusätzlich können sie in Abhängigkeit gegenüber Autoritäten geraten (Magier, Priester, Druiden etc.) die angeblich diese Mächte repräsentieren oder vorgeben, sie beeinflussen zu können.

Wenn man für sich oder für Kinder mit solchen Hilfsbildern arbeitet, ist es daher wichtig, sie als Phantasiebild und nicht als Wirklichkeit

darzustellen. Die Benutzung von Metaphern („du Angsthase") ist so
weit üblich, dass ein Umgang damit selbstverständlich ist. Niemand
würde sich nach solch einer Bemerkung tatsächlich für einen Hasen
halten! Immer wieder kommt es jedoch vor, dass Therapeuten (oder
Geistliche) glauben, die Verwendung einer Metapher sei zu schwach
und dann zu Bildern und Vorstellungen greifen, die sie als „wahr",
„wirklich" ausgeben (z.B. zu der von Schutzengeln etc.). Auf den ersten Blick ist dagegen nichts einzuwenden, jedoch lehrt nicht nur die
Geschichte, dass sich solche Vorstellungen leicht verselbständigen
und dann mehr Schaden anrichten, als hilfreich zu sein (z.B. in Form
von Hexenwahn oder 'Teufelsaustreibungen').

So mag etwa in naturnah lebenden Kulturen die Erklärung, eine
Krankheit sei von einem „Fluch" hervorgerufen worden, zunächst
den Kranken beruhigt und von der Verantwortung befreit haben. Der
nächste Schritt war jedoch häufig: die Suche nach dem vermeintlichen
Urheber des Fluchs und dessen Tötung bzw. Verbannung. Nun wurde
aus dem anfangs vielleicht nützlichen Konstrukt tatsächlich ein Fluch
für Beteiligte und Unbeteiligte.

Übung:
Suchen Sie sich ein Tier, dessen Eigenschaften, Charakter und 'Ener-
gien' Ihnen in einer schwierigen Situation angenehm wären. Versuchen
Sie sich vorzustellen, es stünde Ihnen tatsächlich bei, und beobachten
Sie, ob es in der Praxis für Sie einen Unterschied macht.

Sie können diese Fantasie noch unterstützen, indem Sie sich ein Foto/
eine Spielfigur/ein Stofftier mitnehmen, z.B. ins Büro oder ins Auto.
Totemtiere in indianischen Vorstellungen hatten wohl (unter anderem)
eine vergleichbare Funktion. Dadurch werden gewünschte Haltungen
und Ressourcen für schwierige Situationen leicht abrufbar verankert.

54. Probieren (Experimentieren)

Trotz seines hohen Alters war Prof. Protz noch gut auf den Beinen. So war es für ihn selbstverständlich, beim Umzug des Instituts Kartons zu schleppen. Jedoch war es ziemlich kalt an diesem Tag und er spürte bald schon seine bekannte Schwachstelle im Rücken. Abends zuhause verstärkte sich der Schmerz, bis er kaum noch aus seinem Sessel aufstehen konnte. Beim Knabbern seiner üblichen Nussmischung bemerkte er, dass ihm die Haselnüsse heute außergewöhnlich gut schmeckten. Das machte ihn stutzig, wusste er doch um den Hinweischarakter mancher Gelüste.

In seinen Fachbüchern las er über den hohen Mangangehalt von Haselnüssen und die Rolle dieses Mineralstoffs beim Knorpelaufbau. Das wäre einen Versuch wert, dachte er und schickte seine Frau zur Apotheke. Bereits nach zwei Tagen war er wieder fast schmerzfrei. Sonst hatte dies manchmal Wochen gedauert.

Hatten Sie das Glück, als Jugendlicher einen Chemiekasten geschenkt zu bekommen? Dann können Sie vielleicht nachvollziehen, was schon ein kleines Kind dazu treibt, z.B. wahllos Haferflocken mit Milch und Spülmittel zu mischen und dann das Ergebnis in den Mund zu nehmen.

Durch spielerisches und ergebnisoffenes Experimentieren kamen vermutlich ebenso viele wissenschaftliche Durchbrüche zustande wie durch das planmäßige Abarbeiten vorgegebener Programme. Auch Leidensdruck kann zum Probieren und Experimentieren verleiten – so erzählt Moshe Feldenkrais, dass er erst durch eigene Beschwerden und den Versuch, sie zu lindern, auf die nach ihm benannte Methode gestoßen ist, seine Bewegungen bewusster wahrzunehmen und zu steuern.

Dabei ist es oft nur eine Frage der Haltung: Es macht einen großen Unterschied, ob Sie an einen Problemlösungsversuch wie ein hoch motivierter Forscher herangehen oder wie ein schwer leidender Patient.

Übung:
Vielleicht haben Sie eine kleine körperliche Beschwerde, mit der Sie längst zu leben gelernt haben. Probieren Sie doch einmal, dazu etwas zu experimentieren und nach Lösungen zu suchen. Dokumentieren Sie Ihre Aktivitäten und die Ergebnisse.

55. Problem/Thema eingrenzen

(Ein Witz) Priscilla Thekla entdeckte beim Nachhausekommen einen neuen Fleck im Hausflur. „Sicher wieder der Hund" dachte sie und strich noch am gleichen Abend zuerst die Wand und dann gleich den ganzen Raum. Die anderen Wände wirkten nämlich plötzlich auch unordentlich.

Am nächsten Morgen fiel ihr auf, dass der Teppichboden im Flur dringend erneuert werden müsste. In der Mittagspause fuhr sie in den Baumarkt und verbrachte den Abend erneut mit der Flur-Renovierung. Samstag und Sonntag begannen sie die Holzdecke und der leicht abgewetzte Parkettboden im Wohnzimmer zu stören – beides ließ sie von einem Fachbetrieb austauschen. „Komisch, dachte sie; früher ist mir gar nicht aufgefallen, dass der alte Baum im Garten so viel Licht wegnimmt." So fielen zunächst der Baum, dann die Hecke und schließlich das Gartenhaus ihren gestiegenen ästhetischen Ansprüchen zum Opfer. „Die Farbe der Dachziegel passt nicht zu den Fenstern" – so läutete sie die nächste Runde ein, die erst mit einem komplett renovierten Äußeren zu Ende war.

Ihr Mann fand sämtliche Veränderungen vorbildlich gelungen, Frau Thekla merkte aber von Tag zu Tag deutlicher, wie alt er mit seinen 60 Jahren bereits aussah ...

Probleme haben wie andere Lebewesen eine Tendenz zur immer währenden Fortpflanzung, wenn man sie entsprechend geduldig pflegt. Andererseits ist eine gewisse Dosis an Schwierigkeiten notwendig, um uns nicht in Lethargie oder Langeweile verfallen zu lassen.

So scheint es darauf anzukommen, die Waage zu halten und selbst groß und umfassend erscheinende Probleme ab- oder einzugrenzen und sie dadurch überhaupt lösbar zu machen. Sonst vergällen sie einem durch Überzahl oder durch ihre Langlebigkeit bald jegliche Lebensfreude.

Übung:
Stellen Sie sich vor, Sie wären ein absoluter Herrscher in Ihren Reich (oder in Ihrem Leben) und könnten so ziemlich alles nach Ihren Wünschen gestalten – in welcher Reihenfolge würden Sie was verändern wollen, wo wäre die "Genug-Grenze", was würden Sie unangetastet lassen, obwohl es vielleicht nicht perfekt ist?

56. Professionellere Hilfe suchen

Professor Prodi beschäftigte sich seit vielen Jahrzehnten neben der Archäologie in seiner Freizeit mit Ernährungswissenschaft. Er genoss es, hin und wieder von Kollegen dazu um Rat gefragt zu werden. Häufig schon konnte er nützliche Tipps geben. Nun quälten ihn selbst aber regelmäßig schmerzhafte Blähungen, die er in keinen Zusammenhang mit verzehrten Lebensmitteln bringen konnte.

Wen sollte er um Hilfe bitten? Bisher hatte er doch solche Fragen stets aus eigener Kenntnis beantwortet. Jetzt aber suchte er einen Facharzt für Magen- und Darmkrankheiten auf. Dieser untersuchte ihn eingehend und wies ihn sofort ins Krankenhaus ein. Es hatten sich Darmschlingen gebildet, die operativ entfernt werden mussten.

Wer sich nur Fachkenntnisse auf einem bestimmten Gebiet angeeignet hat, neigt dazu, möglichst viel aus diesem Wissen heraus interpretieren zu wollen, auch Beschwerden. So finden Psychologen häufiger als andere psychologische Hintergründe, Heilpraktiker dagegen naturheilkundliche etc.

Unter Ärzten ist es durchaus üblich, sich bei Unklarheiten „eine zweite Meinung" einzuholen – hier sind z.B. Klinikärzte im Vorteil, die rasch auf Kollegen (auch verschiedener Fachrichtungen) zugreifen können.

Falls Ihnen die Krankenkasse diesen 'Luxus' nicht erstattet, könnten Sie überlegen, es sich auf eigene Kosten zu leisten. Als sinnvoll erweist sich dabei immer wieder, die zusätzlich befragte Person weder mit eigenen Vermutungen noch mit Ergebnissen bisheriger Untersuchungen einzuengen. Zudem liegen die Kompetenzen eines Experten nicht nur in seiner Ausbildung, sondern auch in seiner Lebenserfahrung – und je mehr davon man anzapfen kann, umso desto besser.

Übung:
Leisten Sie sich bei Gelegenheit eine spezielle Fachberatung (z.B. bei Rechts-, Gesundheitsfragen); beobachten Sie, ob sich die aufgewendete Zeit bzw. die Kosten letztlich auszahlen. Als 'kleine Übung' kaufen/ lesen Sie ein oder zwei Ratgeberbücher zu einem Thema, bei dem Sie der Meinung sind, sich schon recht gut auszukennen – vergleichen Sie nach dem Lesen, wie weit die Kenntnisse der ExpertInnen mit den Ihren auseinander liegen.

57. Putzen (Aufräumen)

Prof. Puttich ist ein berühmter und erfolgreicher Psychoanalytiker. Jahre-
lang hatte er die Vorgaben seiner Zunft hinsichtlich des äußeren Rahmens
einer Sitzung (Couch, Analytiker sitzt am Kopfende etc.) gewissenhaft einge-
halten.

Eines Tages aber machte er eine interessante Entdeckung: Während er noch
in die Pflege seines stattlichen Gummibaums vertieft war, kam unbemerkt
der nächste Patient herein. Dieser fing wie selbstverständlich an, ihm zur
Hand zu gehen und dabei von seinen Fortschritten seit der letzten Sitzung
zu erzählen. Um den Redefluss des sonst eher wortkargen Mannes nicht zu
unterbrechen, setzte Prof. Puttich das Säubern der großen Blätter gewissen-
haft fort und verhielt sich ansonsten wie immer, auch als der Patient ebenfalls
begann, Blätter abzuwischen.

Nachdem die 'Sitzung' zu Ende war, bedankte sich dieser für das besonders
hilfreiche Gespräch und fragte, ob sie es das nächste Mal wieder so machen
könnten. Seitdem finden viele 'Sitzungen' nicht mehr in seiner Praxis, sondern
im Gewächshaus statt, das er sich im Garten derselben angelegt hatte.

Unsere Wahrnehmung der Umwelt verändert sich bekanntlich durch
unser inneres Erleben. Aber auch umgekehrt lässt sich unser Inneres
durch Äußeres manipulieren.

Häufig ist es aber einfacher, etwas Greifbares, Handfestes zu ordnen
als diffuse Eindrücke und Gedanken. Auch im Zen-Buddhismus werden die Mönche dahingehend unterrichtet, z.B. beim Kehren des Fuß-
bodens eine meditative Haltung einzunehmen. Es muss ja nicht gleich
der Frühjahrs-Großputz sein; oft genügt schon das Aussortieren von
alten Zeitschriften oder das Bügeln eines Wäschekorbs, um das innere
Gleichgewicht wieder zu finden.

Selbst das Reinigen von Schuhen oder einem Fahrrad kann so etwa
zur Klärung innerer Konflikte oder zum inneren Frieden beitragen.

Übung:
Wenn Sie das nächste Mal über eine Problemlösung nachdenken, nehmen Sie sich dabei eine einfache Haushaltstätigkeit (z.B. Pflanzen
abstauben, Geschirr spülen) vor. Beobachten Sie, welche Auswirkung
dies auf Ihre Gedankenfolge bzw. das Entstehen neuer Ideen hat.

58. Rahmen verändern, Rahmen erweitern

Ramon war froh, sich nach seiner Steuerberater-Prüfung überhaupt ein ei-genes Büro leisten zu können; es störte ihn zunächst nicht, dass die Räume im Keller eines Mietshauses lagen, dass er kein direktes Tageslicht und nur einige gebrauchte Büromöbel hatte. Seine Studienfreunde, die er zur Büroein-weihung einlud, schauten allerdings eher mitleidig auf ihn und auch er selbst kam sich nicht gerade wie ein erfolgreicher Unternehmer vor. Immer wieder merkte er, dass potentielle Kunden zwar zu einem ersten Gespräch vorbeika-men und er sich fachlich keine Mängel vorzuwerfen hatte – sie letztlich aber nicht wiederkamen.

Nach einem halben Jahr wurde ihm von Nachbarn ein helles Büro mit hohen Räumen und Blick auf einen alten Baumbestand angeboten. Er erschrak, als er das erste Mal dort eintrat und war sich sicher, dass er die Miete niemals bezahlen könne. Dem Vermieter-Ehepaar war jedoch weniger an hohen Miet-einnahmen gelegen – sie waren sehr vermögend und wollten gerne einen jun-gen, dynamischen Steuerberater im Haus haben, um so nicht ständig mit ihren Angelegenheiten einen weiten Weg gehen zu müssen. Schon kurz nach seinem Umzug flogen ihm die Aufträge nur so zu und es schien kein Pro-blem mehr zu sein, Interessenten von seiner Seriosität und Professionalität zu überzeugen.

Der Unterschied wurde jedoch bei der zweiten Einweihungsfeier innerhalb eines Jahres deutlich: In den Augen der Besucher sah er, dass sie jetzt ganz andere Gedanken über ihn und seine Erfolgsaussichten hatten als beim letz-ten Mal. Auch er selbst spürte nun keinen Zweifel mehr, dass er den Kredit für die neuen Büromöbel, das Aquarium im Foyer, das schicke Cabrio und seinen Maßanzug würde binnen kurzem abbezahlen können. Vor allem aber erfreute er sich eines ganz anderen Selbstwertgefühls als noch kurz zuvor.

Das im Englischen „reframing" genannte Vorgehen besteht weniger aus einer einzelnen Technik – vielmehr geht es darum, je nach vorge-fundenem 'Rahmen' des Problems nach Alternativen zu suchen. Man könnte es auch so formulieren: Manchmal befindet sich das Problem einfach in unpassender Gesellschaft. Es werden ihm Verknüpfungen oder Bedeutungen zugewiesen, die es noch verschärfen, statt es zu lösen.

Tatsächlich haben viele Probleminhaber die Gewohnheit alles, was nicht optimal ist, als ein schweres oder nicht lösbares Problem anzusehen. Gerade unter Psychologen oder Pädagogen ist dieser Reflex immer noch weit verbreitet. Zumal, wenn jemand in langen Studienjahren diesen Blickwinkel erworben hat oder sogar beruflich im Leben anderer nach Problemen sucht, wird er im Privatleben davon nicht so einfach Abstand nehmen können. Die Brille ist sozusagen fest verwachsen und bildet einen Rahmen, der nicht mehr als solcher erkannt wird.

„Aber das *ist* doch ein Problem" lautet dann eine beliebte Formulierung, die übersieht, dass es Probleme nicht genauso gibt wie Bäume oder Steine, sondern dass sie dadurch zu Problemen werden, weil irgendein Phänomen so benannt (und vor allem: noch nicht gelöst) wurde.

Genauso kann es geschehen, dass sich jemand in einer bestimmten Weise definiert („Ich bin essgestört", „Ich bin nicht sehr selbstbewusst"), die nun ständig kommuniziert und so verfestigt wird. Keiner sieht dann mehr z.B. Herrn X. als den netten Nachbarn, der seinen Garten pflegt, sondern nur noch als „den Schizophrenen, der mit vielen Medikamenten mühsam eine gefährliche Krankheit im Zaum hält." Dass sich jede Begegnung, auch wenn sie sonst noch so alltäglich verlaufen könnte, unter solchen Vorgaben anders als gewöhnlich entwickelt, liegt auf der Hand. Dies bestätigt Herrn X. dann in seiner Sicht der Dinge, was wiederum seine Umwelt mehr an den vorgegebenen Rahmen gewöhnt.

Dazu trägt im Übrigen noch bei, dass viele psychische Krankheiten generell als unheilbar angesehen werden und es dadurch für einmal als krank 'eingerahmte' Menschen kaum mehr ein Entrinnen gibt.

Übung:
Leihen Sie sich für einen Tag ein besonderes Auto und beobachten Sie die Reaktionen Ihrer Nachbarn bzw. Kollegen, wenn Sie damit vorfahren. Falls Sie bereits ein solches fahren, steigen Sie testweise auf einen älteren Gebrauchtwagen um.

Auch eine Änderung am eigenen Outfit, im Vorgarten und überall dort, wo von uns selbst und von anderen ein direkter Zusammenhang mit uns selbst hergestellt wird, kann einen Unterschied bewirken. Ob wir diesen Unterschied dann mögen und beibehalten möchten, steht natürlich auf einem anderen Blatt – ebenso wie die Frage, ob dieses "Neue" dann auch zu uns passt und stimmig ist.

59. Rituale entwickeln

In den Anfangszeiten ihres Bildungsinstituts kannte Rita Ruhlos noch jeden Mitarbeiter persönlich. Die Zeiten waren lange vorbei – in mehreren Filialen beschäftigte sie über 200 Dozenten und viele Studienleiter. Vieles erfuhr sie nur noch über Gerüchte oder per Zufall.

Als ohne Vorwarnung in einem Monat mehrere Mitarbeiter kündigten, merkte sie, dass sie etwas tun musste: Sie beauftragte einen Unternehmensberater damit, in festen Abständen alle Mitarbeiter nach ihrer Zufriedenheit zu befragen. Dabei wurde nur ein Skalenwert zwischen 1 und 10 erfragt sowie denkbare Verbesserungen. Da der Berater verschwiegen war und nur den Durchschnitt aller Bewertungen sowie eine Liste der Anregungen an Frau Ruhlos weitergab, erhielt diese stets verwertbare Informationen und konnte rasch reagieren, wenn die Zufriedenheitsskala sank. Außerdem zeigte sich sofort, ob eingeleitete Maßnahmen den erwünschten Erfolg hatten.

„Der Mensch ist ein Gewohnheitstier" – da Gewohnheiten jedoch unbewusst ablaufen und nicht jedes Mal eine Entscheidung verlangen, ist ihre Angewöhnung auch entsprechend zäh. Rituale sind in der Regel dazu besonders geeignet, da sie üblicherweise von selbst weitergehen, wenn der Startschuss gefallen ist, unabhängig von der jeweils aktuellen Lust oder Motivation.

Der Beginn eines Rituals ist also mit das Wichtigste; er sollte einfach und möglichst angenehm sein. Wird ein Ritual von einer ganzen Gruppe getragen, ist seine Einführung und Aufrechterhaltung sogar noch leichter. Trotzdem ist es auch sinnvoll, Rituale in gewissen Zeitabständen auf ihren Nutzen, vielleicht auch auf unangenehme Nebenwirkungen hin, zu untersuchen und sie gegebenenfalls auch wieder zu ändern, zu ersetzen oder gar ganz aufzugeben.

Übung:
Wenn Ihnen eine Sache zum ersten Mal gelungen ist und Sie diesen Erfolg wiederholen möchten, erfinden Sie ein Ritual, mit dem Sie das erwünschte Verhalten regelmäßig trainieren. Das Gleiche können Sie machen, wenn Ihnen etwas schwer fällt, das Sie gerne dauerhaft in Ihren Rhythmus einbauen möchten. Besonders leicht ist es daher, an ein bereits angenommenes Ritual (Zähneputzen) noch eine Verhaltensweise anzuhängen (Spülen mit einem Mundwasser, Gymnastik während des Zähneputzens etc.).

60. Rückschläge/Rückfälle nutzen

Herr Rüttgens hatte seit zwölf Jahren einen Sitz im Landtag inne – bei der letzten Wahl jedoch erreichte er fast zehn Prozent Stimmen weniger als davor und war nun ausgeschieden. Nach einer kurzen Phase der Frustration gab er sich einen Ruck. Jetzt wollte er genauer wissen, was zu diesem schlechten Ergebnis geführt hatte.

Aus eigener Tasche bezahlte er ein Meinungsforschungsinstitut und fand Erstaunliches heraus: Viele Wahlberechtigte hatten ihn mit einem gleichnamigen Bundespolitiker verwechselt, der zudem noch einer anderen Partei angehörte als er selbst. Dessen nicht gerade glückliches Auftreten in einer viel gesehenen Fernsehshow wenige Tage vor der Landtagswahl wurde von vielen Befragten als Grund ihrer Wahlentscheidung genannt.

Mit Hilfe seiner Berater setzte er nun auf eine neue Strategie: Bei jeder Gelegenheit benutzte er seinen auffälligen Vornamen und war, wie eine zwei Jahre später durchgeführte Umfrage bestätigte, bald unverwechselbar als „der Julius Rüttgens" bekannt.

Natürlich kann man bei Rückschlägen oder Rückfällen den Kopf in den Sand stecken – damit gehen aber die in jedem Problem vorhandenen Chancen verloren. Im Rückblick erscheinen viele so genannte Rückschläge wie 'Kooperationsangebote' des Schicksals, ohne die manche Innovation gar nicht eingeleitet worden wäre. Die Bücher über Fortschritte in der Medizin, aber auch bei der Entwicklung neuer Techniken, sind voll davon.

Denken Sie nur an Otto Lilienthal, der lange mit seinen Fluggeräten große Rückschläge hinnehmen musste, bis er als erster Mensch tatsächlich mit einem davon den Hang hinunter segelte. Und selbst wenn sich kein Nutzen aus einem Rückschlag ziehen lässt, verdauen sich Niederlagen doch leichter mit einer neugierig-forschenden als mit einer gekränkt-beleidigten Haltung.

Übung:
Da Sie hoffentlich aktuell keinen Rückschlag zu verdauen haben, untersuchen Sie stattdessen einige zurückliegende Episoden Ihres Lebens, von denen Sie zunächst dachten, sie würden Ihnen nur schaden. Was hat sich bis heute daraus entwickelt? Welche bewerten Sie im Rückblick doch noch als nützlich?

61. Schlaf, Kurzschlaf

In letzter Zeit wirkte der sonst zuverlässige Herr Schlatterer zusehends unkonzentriert und machte bei seiner Arbeit einen Fehler nach dem anderen. Schließlich fiel es sogar dem Abteilungsleiter auf und er fragte nach, was denn in den letzten Wochen anders gewesen sei als zuvor. Stolz erzählte Herr Schlatterer, dass seit zwei Monaten Nachwuchs im Haus sei, aber er und seine Frau sehr glücklich mit der Kleinen wären.

„Und wie schlafen Sie?" wollte der Vorgesetzte wissen. Daran hatte Herr Schlatterer auch schon gedacht, es aber nicht sonderlich ernst genommen. Tatsächlich gab es seit längerem keine Nacht, in der ihn nicht das Weinen seiner Tochter mehrmals aus dem Schlaf gerissen hatte.

Vorübergehend wurden ihm eine längere Mittagspause und die Benutzung des Sanitätszimmers für einen Mittagsschlaf angeboten. Zuhause richtete er sich im Gästezimmer ein Ausweichbett ein, das er zwei- bis dreimal pro Woche nutzte. Nach ein paar Tagen schien er wieder ganz der Alte zu sein.

Obwohl Schlafentzug noch immer zur Folter eingesetzt wird und schwere Schäden hervorruft, unterschätzen viele Patienten, Ärzte und Therapeuten die Wichtigkeit ausreichender, ungestörter Nachtruhe.

Selbst ein Kurzschlaf von 20-30 Minuten kann einen großen Unterschied ausmachen. Die Fähigkeit dazu lässt sich antrainieren. Damit können Schlafdefizite tagsüber gemindert werden (z.B. im Zug, als Beifahrer oder auf einem Parkplatz im Auto).

Auch sollte man potentielle Schlafstörer kennen und ggf. ausschalten: elektrisches Licht im Raum oder von Draußen, elektrische Geräte am Bett, Metalle im Bett oder in seiner Nähe, die falsche Schlafrichtung, Lärm, schlechte Luft, Hitze oder Kälte – um nur einige zu nennen.

Übung:
Trainieren Sie die Fähigkeit zum Kurzschlaf, indem Sie sich einen Eierwecker auf eine halbe Stunde einstellen und dann schlafen legen (tagsüber). Auch wenn es zu Anfang nicht gleich klappt, können Sie Ihren Organismus an solche Pausen gewöhnen und einschlafen. Wenn Sie länger schlafen wollen, tun Sie es in 1,5-Stunden-Rhythmen (also eineinhalb, drei oder viereinhalb Stunden). Dies entspricht offenbar dem natürlichen Bedürfnis vieler Menschen.

62. Schnittmengen suchen

Herr Schnitzer, ein angenehm ruhiger und zurückhaltender Zeitgenosse, war trotz seiner 45 Jahre noch nicht verheiratet. Dabei sehnte er sich sehr nach einer Partnerin, aber er wollte auch ein Haus bauen, auswandern und in der weltweit aktiven Firma weiter aufsteigen.

Während eines Irland-Urlaubs lernte er bei Freunden eine Frau kennen, mit der er sich besonders gut verstand. Mit der Zeit merkte er, dass hier die Chance lag, mehrere Lebensziele auf einmal zu verwirklichen. Herrn Schnitzer fiel auf, dass er plötzlich mehr Energie, Motivation und Willen entwickelte, als er sich selbst zugetraut hatte. Wenn ihm dieser Zufall nicht 'passiert' wäre, hätte er wohl nur geringe Chancen gehabt, sein Leben so rasch zu verändern. Als er seinen Eltern von diesem „Glück" erzählte, meinte sein Vater: „Du hast dem Glück aber schon ein wenig nachgeholfen, findest du nicht?"

Die absichtliche Suche nach Schnittmengen verschiedener Ziele kann sowohl zur Integration unterschiedlicher, auch als sich widersprechend erlebter Ziele, und ebenso gegen Gefühle der Zerrissenheit versucht werden.

Obige Geschichte ist einem Bericht angelehnt, demzufolge ein Stelleninserat den Zusatz "spätere Heirat nicht ausgeschlossen" enthielt, was zwar vom Inserent ernst gemeint war, jedoch zu vielen Lachern bei den Lesern führte. Tatsächlich meldete sich jedoch eine Frau auf das Stellenangebot, die später seine Frau wurde. Indem wir Ziele, Motive oder Absichten verbinden, die zuvor für sich allein standen, entsteht möglicherweise auch eine Bündelung der Kräfte. Und wenn wir merken, dass die Arbeit an einem Ziel gleichzeitig anderen Zielen nützt, gelingt es vielleicht leichter, die dafür nötige Zeit und Energie aufzuwenden.

Übung:
Benennen Sie einige persönliche oder geschäftliche Ziele, die Sie noch nicht erreicht haben, und schreiben Sie diese auf. Suchen Sie nun nach Überschneidungen, indem Sie sich vorstellen, einige davon wären tatsächlich Wirklichkeit geworden. Möglicherweise motiviert Sie das mehr, als wenn Sie jedes einzeln anstreben? Sie können auch (zur Übung) in der Vergangenheit nach bereits erreichten Zielen suchen und dann schauen, ob Sie damals mehrere Ziele gleichzeitig umgesetzt haben, ohne es bewusst zu registrieren.

63. 'Sherpa'-Begleitung anfordern/annehmen

Frau Scherrer hatte die letzten zwölf Jahre in einer psychiatrischen Anstalt verbracht. Nachdem ihre Erkrankung lange als unheilbar angesehen wurde, kam vor einem Jahr ein Neurologe darauf, dass es sich auch um eine Stoffwechselstörung handeln könnte, und hatte mit einer speziell für sie entwickelten Wirkstoffmischung unverhofften Erfolg.

Nun musste sich Frau Scherrer wieder an ein normales Alltagsleben gewöhnen – ein neuer Arbeitsplatz und eine Wohnung mussten gefunden und soziale Kontakte neu geknüpft werden. Glücklicherweise bot eine gerade in Pension gehende Nachtschwester, die Frau Scherrer von ihrer Einweisung an kannte, ihr eine vorübergehende Begleitung an. Sie ging mit ihr auf Behörden und stand bei einer Tasse Tee oder am Telefon immer wieder zur Verfügung, wenn es nicht reibungslos ging. Mit der Zeit wurden die Kontakte seltener und veränderten ihren Charakter. Als der Mann der ehemaligen Nachtschwester starb und sie bei Frau Scherrer tröstenden Zuspruch fand, hatten sich die Rollen vertauscht.

Sherpa ist der Name eines im Himalaya lebenden Volksstammes; diese Menschen sind an das Leben in großen Höhen gewöhnt und bieten ihre Dienste z.B. Bergsteigern an. Das Foto von Sir Edmund Hillary, dem ersten Menschen auf dem Mount Everest, mit seinem Sherpa Tenzing wurde weltberühmt. Genauso gibt es Menschen in Ihrem Umfeld, die es gewöhnt sind, anderen in Lebenskrisen beizustehen, vielleicht auch (wie die echten Sherpas) einen Teil der Lasten abzunehmen oder einen gangbaren Weg zu weisen. Solch einen Dienst leisten manchmal Krankenschwestern, Geistliche, Lehrer oder Arbeitskollegen (oft ohne sich dessen bewusst zu sein).

Was hier 'nebenbei' passiert, lässt sich (z.B. in Form von Supervision) auch als Dienstleitung kaufen – die meisten Begleitungsdienste werden aber vermutlich auf Gegenseitigkeit, aus Freundschaft oder ehrenamtlich geleistet. Im Unterschied zu einem freundschaftlichen Gespräch (bei dem es hin- und hergeht) oder einer Therapie (bei der Krankheiten behandelt werden) begnügt sich ein Begleiter damit, zu bestimmten Zeiten da zu sein, geduldig zuzuhören, Rückmeldungen oder Tipps zu geben bzw. für den Begleitungsbedürftigen nützliche Informationen aufzubewahren.

Wichtig scheint dabei, dass innerhalb der Anfangsphase einer Begleitung abgeklärt wird, nach welchen Regeln (Zeiten, Verfügbarkeit, evtl. Honorare, Umfang des Auftrages) die Sache ablaufen soll.

Passiert Begleitung 'nebenher' (z.B. als Teil der Tätigkeit einer Gemeindeschwester), gibt die beauftragte Institution diesen Rahmen vor. Handelt es sich jedoch um eine private Angelegenheit, sollten beide Seiten möglichst bald wissen, was sie voneinander erwarten (können).

Für den Begleiter selbst ist es nützlich, sich mit anderen, die darin bereits Erfahrung haben, auszutauschen. Damit legt er sozusagen eine Sicherheitsleine um, damit er bei einem Sturz von einem Dritten aufgefangen werden kann. Praktisch kann dies bedeuten, dass sich zwei oder drei Begleiter über ihre derzeitige Arbeit austauschen und ihre Vorgehensweise erläutern.

Einrichtungen wie die "Arbeitskreise Leben" in Baden-Württemberg, die sich um Menschen in und nach suizidalen Krisen kümmern, nutzen die positiven Effekte der Begleitung und auch das Gespräch unter den Helfern in diesem Sinne.

Übung:
Achten Sie eine Zeit lang darauf, mit wem Sie sich nicht nur über Oberflächliches unterhalten und wie dabei die Rollen verteilt sind. Vielleicht entdecken Sie, dass Sie bereits als 'Sherpa' tätig sind oder selbst 'Sherpas' um sich haben.

Im zweiten Schritt können Sie testen, inwiefern Sie diese heimliche Tätigkeit optimieren bzw. die Dienste anderer gezielter nutzen können. Falls Sie Begleitungsarbeit leisten, die Sie an die Grenzen Ihrer Kräfte oder Fähigkeiten bringt, nehmen Sie an einer Fortbildung teil (z.B. in Gesprächsführung oder psychologischen Basiskompetenzen) bzw. tauschen Sie sich mit anderen aus, von denen Sie wissen, dass diese ebenfalls als 'Sherpas' tätig sind.

Viele der hier vorgestellten Lösungswerkzeuge können bei der Begleitungstätigkeit verwendet werden (z.B. die Frage nach Ausnahmen, die Verwendung von Skalen, das Pacing).

64. Skalen, Skalentagebücher

Frau Skia klagte bei ihrer Ärztin über ständige Schlafstörungen und bat um Verschreibung eines Schlafmittels. Zunächst ließ sie sich jedoch auf eine Hausaufgabe ein: Sie sollte jeden Morgen um 9.00 Uhr einen Wert zwischen 1 (minimal) und 10 (maximal) notieren, je nachdem, wie sie den Erholungswert der letzten Nacht einschätzte. Nach drei Wochen legte sie das Ergebnis in Form eines Tagebuchs vor:

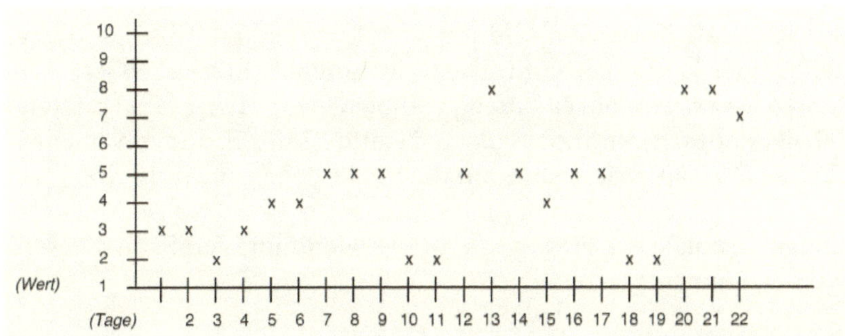

Dieses Skalentagebuch bildete nun die Grundlage für das Gespräch: Offenbar gab es tatsächlich schlechte Nächte (5 x die 2), aber auch sehr erholsame Ausnahmen (3 x die 8, 1 x die 7). Frau Skia hatte auch herausgefunden, was sie am 13. und 20. Tag richtig gemacht hatte (am Abend einen Spaziergang, ein Glas Beruhigungstee und kein Fernsehen nach 21 Uhr). Das hatte sie am 21. und 22. Tag mit ähnlichem Erfolg wiederholt. Sie war nun zuversichtlich, dieses Rezept auch künftig anwenden zu können. Von einem Schlafmittel war überhaupt nicht mehr die Rede. Der Ärztin gab sie zum Abschied eine „10" für die gute Beratung.

Die Benutzung von Skalen zur Beschreibung von Unterschieden in der Beschwerdestärke gehört zu den effektivsten Problemlösungswerkzeugen. Die Verwendung von Zahlen (anstatt Worten bzw. Sätzen) stellt eine starke Vereinfachung der Wahrnehmung und Kommunikation dar. Worte sind häufig mehrdeutig oder dem Zuhörer unklar. Zahlen dagegen (die Verwendung von Mathematik) erlauben eindeutigere Bewertungen.

Zusätzlich entspricht das Gespräch über etwas einem Grundgedanken des lösungsorientierten Ansatzes: weniger über den Inhalt von

Beschwerden zu reden, sondern über die Unterschiede zwischen Beschwerde und Nicht-Beschwerde. Dazu sind Skalen hervorragend geeignet. Sie sind effektiv, zeitsparend und respektieren zudem (wenn nötig) die Privatsphäre des Beschwerdeinhabers.

Selbst bei intimen oder peinlichen Themen kann man mit Hilfe einer Skala sinnvoll nach (vorhandenen) Lösungen suchen. Anstatt die Antwort auszusprechen, denkt sich der Befragte dann nur seinen Teil, der Fragende beschränkt sich darauf, die Fragen zu stellen.

Als ich noch in der Ausbildung von Therapeuten arbeitete, waren Teilnehmer häufig verblüfft, wie sich sinnvolle, hilfreiche Gespräche führen lassen, obwohl es "streng verboten" war, etwas zum konkreten Inhalt der Beschwerde zu sagen und stattdessen z.B. nur von "meinem Problem" zu sprechen, ohne auf die Inhaltsebene zu wechseln.

Einige Beispiele für Fragen, die bei Verwendung von Skalen gestellt werden können:

1. (die Einstiegsfrage) Angenommen, auf einer Skala von 1 bis 10 bedeutet die 1 den schlimmsten und die 10 den Idealfall. Wo würden Sie die Situation / die Problemstärke aktuell einordnen?

2. Was ist Ihr Ziel auf dieser Skala? Was ist dann anders?

3. Waren Sie schon einmal höher als heute? Was war da anders?

4. Waren Sie schon einmal tiefer als heute? Was haben Sie seither gemacht, um auf den heutigen Stand zu kommen?

5. Was müssten Sie tun / lassen, um einen Punkt zu sinken?

6. Woran würden Sie (oder andere) merken, dass Sie um einen Punkt (oder mehrere Punkte) steigen?

7. Angenommen, Sie hätten Ihren Zielstand erreicht. Was müssten Sie tun, um wieder auf den heutigen Stand zu kommen?

Übung:
Führen Sie ein Skalentagebuch zu einem beliebigen Thema (die Laune Ihres Partners oder Chefs etc.). Wenn Sie starke Unterschiede feststellen, forschen Sie nach den Ursachen, vor allem nach solchen, die Sie selbst beeinflussen können. Nehmen Sie bevorzugt Themen, die schon ohne Skala messbar sind (Zeit, Geld, Temperatur, Gewicht etc.).

65. Skizzen, Schaubilder (Zusammenhänge)

Frau Dr. Skilla-Schaubner tat sich Tag für Tag schwer, ihrem 15-köpfigen Forschungsteam den Stand der Dinge klarzumachen. Nicht nur, dass es sich um Kollegen aus unterschiedlichen Fachbereichen handelte, dazu kam, dass sie es mit acht Muttersprachen zu tun hatte und das obligate Englisch häufig an seine Grenzen stieß. Da sie lösungsorientiertes Denken gewohnt war, filmte sie mehrere Besprechungen so, dass auf dem Film die Gesichter aller Anwesenden zu sehen waren. Sie wollte wissen, was sie denn anders machte, wenn die Aufmerksamkeit hoch und die Rückfragen gering waren.

Nach Durchsicht der Aufzeichnungen war ihr bald klar: Sobald sie an die alte Wandtafel ging und mittels Schaubildern, Mind-Maps und Diagrammen ihre Ausführungen bildhaft darstellte, war der erwünschte Effekt da.

Also beschloss sie, gemäß dem Motto „wenn etwas funktioniert, versuche mehr davon", eine größere Tafel anzuschaffen, farbige Kreide zu benutzen und öfters Folien mit grafischen Darstellungen vorzubereiten.

Die Kommunikationsform, Gedanken mittels Zeichnungen und Skizzen darzustellen, ist uralt. Die ersten fixierten Mitteilungen der Geschichte stellen so auch keine Worte, sondern Gegenstände (z.B. Rinder oder Jagdtiere) dar.

Zwar hat die Benutzung von Buchstaben und Wörtern die schriftliche Kommunikation erleichtert, jedoch gleichzeitig deren mögliche Komplexität genauso stark erweitert. Dadurch entsteht ein großes Potential an Missverständnissen, vor allem, wenn Worte nicht einvernehmlich benutzt werden oder die Kenntnisse der Kommunizierenden in der verwendeten (Fach-) Sprache unterschiedlich weit entwickelt sind.

Steve de Shazer berichtete davon, dass Beratungsgespräch in einer für den Klienten fremden Sprache (meist Englisch) häufig wirkungsvoller waren als in seiner Muttersprache. Hier wird wohl mehr auf Mimik, Zeichensprache oder auf bildhafte Elemente geachtet.

Übung:
Notieren Sie probeweise einmal ca. zehn Namen von Bekannten oder Kollegen und stellen Sie dann mittels einer Skizze deren Beziehungsgeflecht (und die Beziehungsqualität, z.B. durch unterschiedlich dicke Pfeile) dar. Vergessen Sie nicht, sich selbst einzubeziehen.

66. So tun, 'als ob'

Sofia war schon häufig wegen offenbar psychosomatischer Beschwerden stationär behandelt worden. Auch dieses Mal ging es ihr deutlich besser – allerdings führte sie das weniger auf die Medikamente zurück als vielmehr auf den Kontakt zu anderen (Patienten, Therapeutin, Pflegern) und nicht zuletzt auf die sehr gute Küche. Zuhause drängten sie dann die besorgten Fragen ihres Mannes und das übertriebene Verständnis ihrer Mutter immer wieder in die Patientenrolle.

Diesmal wollte sie etwas anderes versuchen: Bei ihrer Rückkehr erzählte sie, man hätte endlich den wahren Grund für ihre Beschwerden entdeckt – eine Stoffwechselstörung, die weitestgehend behoben werden könne. Ihr Hausarzt hatte versprochen, sie darin zu unterstützen und sich notfalls hinter Fachausdrücken zu verstecken. Tatsächlich wirkte dieser kleine 'Trick': Ihr Umfeld freute sich über die offensichtlich fortschreitende Heilung der (nun als 'körperlich' angesehenen) Erkrankung. Sofia wurde wieder 'normal' behandelt, was sie selbst dazu brachte, sich auch immer öfters so zu sehen.

Dieses Lösungswerkzeug wirkt nur, wenn es auch überzeugend gespielt bzw. vermittelt wird. Manchmal genügt es sogar schon, die Hoffnung auf bald eintretende Ereignisse zu wecken, damit diese dann tatsächlich geschehen.

Politiker versuchen dies häufig in Bezug auf die wirtschaftliche Stimmung – wenn die Lage bald besser zu werden verspricht, investieren z.B. die Unternehmer, wodurch sie die Abwärtsspirale durchbrechen und somit selbst zur Ursache der (vorhergesagten) Besserung werden. Oder sie sprechen davon, dass die Umfragewerte der eigenen Partei bald besser, die der Konkurrenz schlechter würden – wovon sich dann manche Wähler tatsächlich beeinflussen lassen und so den erwünschten Trend selbst hervorrufen.

Dass dieser Ansatz der "selbst erfüllenden Prophezeiung" auch im negativen Fall klappt, zeigen z.B. höhere Unfallzahlen an Tagen, die scheinbar Unglück bringen.

Übung:
Testen Sie dieses Werkzeug möglichst in einer harmlosen Situation – z.B. indem Sie jemand für eine Eigenschaft loben, die derjenige noch gar nicht zeigt („Danke, dass Sie mir für einen Moment zuhören ...").

67. Sprache ändern

Frau Spranger fühlte sich ihren regelmäßig im Herbst wiederkehrenden Depressionen hilflos ausgeliefert. An den Zustand selbst hatte sie sich zwar im Laufe der Jahre einigermaßen gewöhnt, es ärgerte sie aber, dass sie nichts dagegen tun konnte. Als sie sich mit einer französischsprachigen Kollegin darüber unterhielt, erzählte ihr diese, dass man sich in Frankreich Depressionen „macht" und sie nicht wie in Deutschland nur „hat". Auch der Ausdruck „Ich bin depressiv" sei vor allem in Deutschland gebräuchlich. Frau Spranger wurde hellhörig: Sollte es sich bei ihren Beschwerden doch nicht um eine unveränderliche Sache handeln? Anfangs hatte sie die Diagnose des Arztes ja noch erleichtert; aber die vorgeschlagenen Therapien hatten kaum eine Verbesserung bewirkt.

Als ersten Schritt veränderte sie ihr Verhalten nun dahingehend, dass sie das Wort „Depression" entweder gar nicht mehr benutzte oder (falls es ihr einmal herausrutschte) einfach den Zusatz „wie jedes Jahr üblich" anhängte. Ihr fiel auch auf, dass sie mit den Begriffen „Melancholie" oder „mentaler Winterschlaf" besser zurechtkam. Ihre „melancholische Gedichtesammlung" z.B. umfasste inzwischen fast 200 Seiten. Ob sie das alles ohne ihre „jährlich wiederkehrende Phase" niedergeschrieben hätte?

Bekanntlich konstruieren wir mittels Sprache (dazu gehört auch die Grammatik mit ihren Grenzen) unser Bild der Welt, auch unser Eigenbild. Und nicht selten hängt das subjektive Wahrnehmen eines Problems eng damit zusammen, wie wir selbst (oder andere) darüber reden.

Max Bolliger hat dieses Phänomen treffend formuliert: "Mit meinem Werkzeug, den Worten, bin ich in Grenzen verwiesen, gemessen, gewogen, immer am Anfang." Denn nicht selten verbinden andere Menschen mit einem Wort oder Satz völlig andere Dinge wie wir selbst und umgekehrt. Dies zu nutzen und bewusst "mit der Sprache zu spielen", gehört mit zu den stärksten Werkzeugen in Beratungskontexten. Mehr dazu findet sich z.B. im Buch "Worte waren ursprünglich Zauber" von Steve de Shazer.

Übung:
Formulieren Sie einige Sätze, die mit „Ich bin ..." beginnen. Versuchen Sie nun, diese in „Ich habe ...", „Ich zeige..." bzw. „Ich kann ..." umzuschreiben. Beobachten Sie den Unterschied.

68. Sprichwörter als Lösungsmittel

*Johann Wolfgang von Goethe ist für seine umfangreiche Sammlung und For-
mulierung von Aphorismen und Sprichwörtern bekannt. Vermutlich hat er
deren Nützlichkeit für die Bewältigung schwieriger Lebenssituationen oder
schlicht als hilfreiche Begleiter erkannt. Dass es ihm dabei nicht zuerst um
„Wahrheit", sondern um eine Auswahl von Möglichkeiten ging, lässt sich
daran ablesen, dass er auch widersprüchliche Texte in seine Sammlung auf-
genommen hat, z.B. „Aller Anfang ist leicht." und „Aller Anfang ist schwer."
Je nach Situation kann also der eine oder der andere Spruch das Erlebte in
passende Worte fassen.*

Sprichwörter und Aphorismen enthalten häufig komprimierte Lebenserfahrung. Beim Durchblättern findet sich manchmal ein Satz, der
in einzigartiger Weise mit der gegenwärten Situation übereinstimmt
oder einen passenden Lösungsweg aufzeigt. Allerdings sollte man nur
solche Sprüche in sein persönliches Repertoire aufnehmen, die wirklich zu einem passen. Von anderen (Eltern, Lehrern, Poesiealben etc.)
Überlassenes kann unter Umständen das Gegenteil der gewünschten Wirkung erzielen.

Eine kleine Auswahl aus der Sammlung des Autors:

„Morgen ist auch noch ein Tag." (Sprichwort)

„Das Gelingen ist manchmal das Endresultat einer ganzen Reihe miss-
glückter Versuche." (Vincent van Gogh)

„Das Glück ist ein wie, kein was." (Hermann Hesse)

„Den Fortschritt verdanken die Menschen den Unzufriedenen."
(Aldous Huxley)

„Wenn wir die Welt von unseren Schultern nehmen, bemerken wir,
dass sie nicht fällt." (John Cage)

„Man geht nie weiter, als wenn man nicht mehr weiß, wohin man
geht." (Goethe)

Übung:
Falls Sie es nicht schon getan haben, legen Sie sich eine Sammlung von
Aphorismen, Gedichten und Sprichwörtern an, die Ihnen besonders
gefallen. Auf diese Sammlung können Sie dann jederzeit zurückgreifen, um sich Anregungen zu holen.

69. Stattdessen

Stefanie beklagte sich in der Paarberatung darüber, dass es ihr einfach nicht gelänge, mit ihrem Partner zu streiten. Jede Auseinandersetzung würde spätestens nach drei Viertelstunden eskalieren. Das solle nicht mehr so weiter gehen. „Erzählen Sie mir von einem Streit, der so verlief, wie Sie es gerne in Zukunft hätten.", bat der Berater. Stefanie sah ihn mit großen Augen an. Dann dachte sie angestrengt nach. So sehr sie auch überlegte, es fiel ihr trotz ihrer fast 30-jährigen Beziehungserfahrung kein akzeptabel verlaufener Streit ein. Das Muster schien durchgängig zu sein: Sie wusste zwar, was sie nicht mehr wollte, hatte aber keine Vorstellung davon, wie es stattdessen zugehen sollte.

Dabei lag die Lösung relativ nahe, denn offensichtlich machte das Paar in der ersten halben Stunde etwas richtig, was sie danach wegließen. Die erste Phase des 'Streits' (meist leidenschaftliche Gespräche über existenzielle Themen, Politik oder Urlaubsplanung) genossen beide – es brachte sie einander näher und stärkte die Beziehung. In dieser Phase hörten beide aufmerksam zu, was der andere sagte, und gingen auf die Argumente ein.

Recht viele Menschen (geschätzt ungefähr ein Drittel*) wissen genau, was sie *nicht* wollen – haben aber Schwierigkeiten, eine wirklich positive Alternative oder eine bessere Idee dazu zu formulieren. Obwohl sie sich selbst oft als „positiv" empfinden, ist der „Stattdessen-Muskel" schwach trainiert. Ideen und Anregungen werden dann gerne bei anderen gesucht.

So erzählt eine Schülerin, dass sich der Musiklehrer ständig darüber beschwerte, was die Kinder alles falsch machen würden. Irgendwann war es ihr zu dumm; sie stand auf und forderte: "Bitte sagen Sie uns doch deutlich, was Sie konkret von uns wollen!" Damit hatte sie den Nagel auf den Kopf getroffen.

Übung:
Listen Sie einmal fünf bis zehn Ärgernisse auf, die Sie gerne aus der Welt schaffen würden. Schreiben Sie dann positive Alternativen daneben, die aus Ihrer Sicht stattdessen (mehr) vorhanden sein sollten.

* in der Naturellwissenschaft werden solche Menschen als "Rote", "Rotes Naturell" oder Handlungstypen bezeichnet.

70. Swish

Swetlana leidet auch nach über zehn Jahren noch an ihren Kriegserinnerungen. In ihrem Gedächtnis existiert ein Film, den sie jederzeit abrufen kann; manchmal träumt sie ganze Szenen daraus und wacht dann schweißgebadet auf. Nach einer einzigen Therapiesitzung (bei der sie den „Swish" erlernte und einübte) spürt sie bereits eine deutliche Änderung ihrer subjektiven Wahrnehmung.

Eine sehr bekannte therapeutische Technik aus dem Werkzeugkasten des „NLP" ist der so genannte „Swish". Er eignet sich besonders gut für unangemessen abgespeicherte Erinnerungsbilder, unter denen die Betroffenen jahrelang leiden können, obwohl die Ereignisse selbst lange zurückliegen. Hier ist ein vereinfachter Ablauf beschrieben:

1. Die Methode funktioniert am besten, wenn Sie ein Erinnerungsbild haben, unter dem Sie wirklich leiden.

2. Testen Sie mit Hilfe einer neutralen Erinnerung (z.B. dem Bild einer unbedeutenden Sportveranstaltung), wie Ihr Gehirn solche alten Bilder 'entsorgt'. Dies kann durch „wegkippen", „verbrennen", „wegwischen", „kleiner machen" oder ähnliche Vorgänge geschehen. Probieren Sie mit dem "Testbild", auf welche Weise sie es bewusst verändern können und merken Sie sich die effektivste Methode.

3. Stellen Sie sich ein alternatives Bild bereit, das Sie statt dem alten Leidensbild abspeichern möchten. Wenn es sich z.B. um Kriegserinnerungen handelt, könnten Sie stattdessen ein zukünftiges Bild verwenden, auf dem die Schäden beseitigt sind. Malen Sie sich dieses Glücksbild genauso lebendig, farbig, bewegt etc. aus wie das Leidensbild. Achten Sie auch darauf, dass die Größe (das Format) ähnlich ist. Leidensbilder sind meist recht groß (etwa wie ein Kinobild) abgespeichert.

4. Beim eigentlichen Swish tauschen Sie Leidens- und Glücksbild sehr rasch gegeneinander aus – und zwar mit der für Sie funktionierenden Methode (aus Punkt 2). Wenn Sie also z.B. das Leidensbild durch Verbrennen zum Verschwinden bringen, sollte das Glücksbild aus dem Rauch bzw. dem Feuer auftauchen. Wenn Sie es dagegen wie mit einem Putzlappen wegwischen, taucht das neue Bild aus dem Putzwasser auf. Dieser Vorgang sollte unbedingt so rasch wie möglich geschehen;

anstatt langsam zu verbrennen wäre also eine Explosion geeigneter.

5. Diese Übung (Verschwinden lassen und sofort ersetzen) wiederholen Sie fünf Mal. Dazwischen sehen Sie kurz zur Decke und lassen Ihre Augen von ganz rechts nach ganz links gleiten. Dadurch entspannen Sie Ihr Gehirn.

6. Wenn der Swish erfolgreich war, sollten Sie das Leidensbild nur noch wesentlich kleiner bzw. in Schwarz-Weiß erinnern und Ihre Gefühle dabei müssten angenehmer sein als zuvor.

Falls Ihr Gehirn den Vorgang nicht unterstützt hat, sollten Sie sich ein überzeugenderes Glücksbild suchen. Manchmal genügt es schon, die leidvolle Erinnerung in einen kleinen Bilderrahmen zu packen und zu anderen ähnlichen Erinnerungen an die (innere) Bilderwand zu hängen. Erinnerungsbilder, die ganz allein stehen, führen anscheinend zu einem subjektiv höheren Leiden als solche, die man mit anderen in Verbindung bringt. Bei einer Klientin z.B. gelang dieser Vorgang, indem Sie sich eines "Bilderalbums" bediente, in dem sie verschiedene Erinnerungen ablegte. Zu den schon vorhandenen kam dann das bisher isoliert abgespeicherte Leidensbild in einer erträglichen Fassung.

Dieses Phänomen (das gesammelte Abspeichern von Erinnerungen) könnte vielleicht eine Erklärung dafür sein, weshalb ältere Menschen die Fotos verstorbener Freunde bevorzugt in Gruppen aufstellen oder aufhängen. Hier zeigt sich, das solche therapeutischen Techniken 'nur' natürliche Lösungswege nachahmen.

Übung:
Probieren Sie den oben beschriebenen Ablauf einmal mit dem Erinnerungsbild eines für Sie unangenehmen Menschen. In Ihrem Zielbild können Sie ihn z.B. als sehr alten, gütigen Menschen sehen, dem Sie seine Schwächen leicht verzeihen. Evtl. müssen Sie dafür auch sich selbst in dieser Weise sehen.

Falls Sie alleine Schwierigkeiten haben, diese Übung durchzuführen, suchen Sie sich eine/n Therapeuten/in in Ihrer Nähe, der mit solchen NLP-Werkzeugen Erfahrung hat und Sie anleiten kann.

Sie können übrigens diese Übung auch praktisch und nicht nur gedanklich durchführen, also mit realen Fotos, die Sie verändern, übermalen, neu kombinieren etc.

71. Symptomverschreibung

Sylvana leidet seit einigen Monaten unter nächtlichem Zähneknirschen. Morgens wacht sie mit Schmerzen in den Backenmuskeln auf und zudem droht ihr Freund, aus dem gemeinsamen Schlafzimmer auszuziehen, weil ihn der Lärm permanent aus dem Schlaf holt. In einem Workshop erhält sie die Hausaufgabe, künftig tagsüber absichtlich mehrmals die Zähne so fest wie möglich zusammenzubeißen. Als sie ihrem Freund einige Tage danach von diesem „Unsinn" erzählt, berichtet dieser, dass sie seit dem Workshop überhaupt nicht mehr geknirscht habe. Bei einer Befragung ein halbes Jahr später zeigt sich, dass die Beschwerden dauerhaft verschwunden sind.

Anstatt, wie üblich, zu versuchen, beklagte Verhaltensweisen zu unterdrücken oder abzulegen, versucht man es andersherum: Man ermutigt sich dazu, sie absichtlich herbeizuführen. Der Effekt ist dann häufig, dass die Verhaltensweisen 'wie von selbst' verschwinden oder sich auf ein nicht mehr störendes Maß reduzieren. Hier zeigt sich (wie im obigen Beispiel), dass unser Unbewusstes durchaus auch heilende Wirkung haben kann und Probleme löst, ohne dass wir uns dessen bewusst sind.

Ein bekanntes Beispiel im Umgang mit Einschlafstörungen zeigt dasselbe Muster: Anstatt mit Gewalt zu versuchen, einzuschlafen, wird empfohlen, die Augen so lange offen zu lassen, bis man tatsächlich einschläft. Dieser 'Trick' bewährt sich seit langem immer wieder.

Eine abgewandelte Form beschreibt de Shazer – er empfiehlt seinen Klienten mit Erfolg, anstatt einzuschlafen, absichtlich wach zu bleiben und etwas Sinnvolles zu machen (z.B. zu lesen). Milton H. Erickson ging sogar noch weiter: Er 'befahl' einem Patienten, statt zu schlafen, den Schlafzimmerboden gründlich zu putzen.

Übung:
Machen Sie es doch einmal ähnlich wie der ältere Herr, der regelmäßig von frechen Jugendlichen aus seinem Haus beschimpft wurde: Zuerst gab er ihnen, als alles andere nichts half und die Attacken eher noch verstärkte, wortlos etwas Kleingeld. Jedesmal reduzierte er nun den Betrag und forderte sie dabei auf, bitte damit weiterzumachen, weil er das offensichtlich verdient hätte. Diese Intervention stoppte die Sache in kürzester Zeit.

72. Tätig werden

Therese wusste schon lange, dass sie hinsichtlich ihrer rhetorischen und politischen Fähigkeiten ihren Studienkollegen weit überlegen war. Mit diesem Zustand war sie zwar sehr unzufrieden, sie sah aber keine Möglichkeit, sich mit ihrem Talent irgendwo sinnvoll zu engagieren. Aus ihrer Untätigkeit wurde sie jedoch durch eine Wette gerissen, die ihr ein paar Kommilitonen nach einem ihrer Rededuelle mit einem Professor vorschlugen: Sie wetteten 500 Euro darauf, dass Therese den Einzug in den Stadtrat schaffen würde, sofern sie sich aufstellen ließe. Ergebnis: Sie wurde tatsächlich im ersten Anlauf gewählt; den Ausschlag hatte wohl ein Interview mit der örtlichen Presse gegeben, das die Freunde vermittelt hatten. Von sich aus hätte sie wohl auch die nächsten Jahre nichts Derartiges getan und auf einen glücklichen Zufall gewartet. Erst die Zuversicht ihrer Freunde weckte sie auf.

Aktives Tätigwerden kann sowohl das gezielte Aufnehmen von Informationen, das absichtliche Nachdenken, das Aufschreiben oder Skizzieren und das Reden über etwas bedeuten. Selbstverständlich gehören auch handfeste Tätigkeiten (Aufräumen, Löcher in die Wand bohren etc.) dazu.

Manchmal verstecken sich Menschen hinter der Hoffnung „mit der Zeit wird es schon werden" und vernachlässigen dadurch ihren aktiven Einfluss auf das, was sie als "ihr Schicksal und den Lauf der Dinge" ansehen. 'Tätig werden' ist vor allem dann ein lohnenswerter Lösungsschlüssel, wenn der Probleminhaber bisher eher in einer inaktiven, abwartenden Haltung lebt. Wichtig sind eben oft auch ein bisschen Mut und Risikobereitschaft, nicht nur Vorsicht, Zurückhaltung oder Fehlervermeidung.

Interessant ist auch, dass im Rückblick zahlreiche Erfolgsgeschichten damit anfingen, dass jemand über das für ihn normale Maß hinaus aktiv wurde. Bei Steve de Shazer etwa war es ein Artikel in einer Fachzeitschrift, die seine Bekanntheit bewirkte. Seine Frau Insoo Kim Berg hatte ihn dazu überredet; er selbst hielt seine Beobachtungen für nicht so außergewöhnlich, dass es andere interessieren könnte.

Übung:
Suchen Sie in Erfolgsberichten (z.B. von erfolgreichen Musikern, Künstlern oder Sportlern) gezielt nach deren eigenem aktiven Anteil daran, vor allem in der Anfangsphase ihrer Karriere.

73. Tagträumen (Eigenhypnose)

Tamino war ein begnadeter Pianist und Komponist; er konnte von seiner Kunst recht gut leben. Meist flossen die Ideen nur so aus ihm heraus – auf Nachfrage eines Journalisten wusste er aber das Geheimnis seiner Schaffenskraft nicht zu benennen. Ein langjähriger Freund jedoch hatte penibel Buch über alle Kompositionen und die Umstände ihrer Entstehung geführt.

Tamino war zwar verblüfft, gab ihm aber recht: Die Melodien waren ihm entweder beim Holzhacken, bei der Arbeit im Garten oder während ausgedehnter Kanutouren gekommen. Nicht umsonst hatte er während solcher Gelegenheiten seit Jahren stets einen kleinen Notizblock mit Notenlinien und ein Diktiergerät bei sich.

Hypnotische Zustände treten bei allen Menschen auf und sind häufiger, als den meisten bewusst ist.

Sie sind z.B. durch eine stark eingeengte Aufmerksamkeit und erhöhte Bereitschaft für Suggestion gekennzeichnet und können etwa beim Autofahren, Einschlafen, Aufwachen, Duschen, Fernsehen, Musikmachen, Malen, Spielen, Meditieren, Zuhören oder bei monotonen Arbeiten auftreten.

In diesem Zustand fällt das Erfinden von Neuem, das Erkennen von Zusammenhängen, das Beantworten schwieriger Fragen oder die Entwicklung von Problemlösungsfantasien meist leichter als bei absichtlichen Versuchen in derselben Richtung. Dabei sagt das Unbewusste nicht automatisch die Wahrheit oder gibt die richtige Richtung vor, wie manche Psychologen früher irrtümlicherweise glaubten, aber es kann uns auf bisher nicht beachtete Punkte aufmerksam machen.

Übung:

Notieren Sie sich eine Frage (gleich welchen Inhalts), für die Sie bisher keine befriedigende Antwort gefunden haben, auf ein separates Blatt und hängen/legen es an eine prominente Stelle. Sehen Sie es sich regelmäßig an, denken aber nicht bewusst darüber nach. Warten Sie dagegen auf eine Rückmeldung Ihres Unbewussten (auch wenn es unter Umständen etwas länger dauert).

74. Tierbilder als Anker nützlicher Haltungen

Wenn Frau Tierse morgens in ihre Behörde fuhr, stieg mit jeder Haltestelle der Straßenbahn die Anspannung. Grund war ihr Vorgesetzter, Herr Hannsen. Seine polternde und fordernde Art verfolgte sie häufig bis in den Schlaf.

„Machen Sie das ja ordentlich!" oder „Ich will keinen Fehler in dieser Liste finden!" waren seine Lieblingssätze. Als sie vor Angst kaum mehr einschlafen konnte, erzählte sie ihrer Ärztin von der Situation. „Ich fühle mich wie eine Maus, der die Hauskatze noch eine kleine Frist gewährt." Die Ärztin fragte, als welches Tier sie denn dieser „Hauskatze" lieber gegenübertreten würde. Sofort fiel Frau Tierse der Nachbarshund ein – dieser hatte sich angewöhnt, beim Kontakt mit Katzen ebenfalls einen Buckel zu machen.

Innere Haltungen, die wir mit Tieren assoziieren („stark wie ein Löwe", „geduldig wie eine Schildkröte", „wachsam wie ein Adler" „mutig wie eine Bärin"), können uns helfen, vergessene Ressourcen neu zu aktivieren und rasch abzurufen, wenn wir sie benötigen. Dies ist häufig, wie im obigen Beispiel, genau dann der Fall, wenn uns von außen eine Herausforderung begegnet, der wir mit unserem normalen Verhaltens- und Haltungsrepertoire nur schwer gewachsen sind.

Kein Mensch ist von Natur aus mit dem ganzen menschlichen Repertoire ausgestattet; vieles, was wir für ein gutes Leben benötigen, müssen wir uns erst aneignen – auch im mentalen Bereich. Hier lernen wir jedoch oft erst dann hinzu, wenn wir an unsere Grenzen geraten.

Übung:
1. Benennen Sie Ihre Haltung in der Leid auslösenden Situation (und evtl. auch die Ihres Gegenübers) mit einem Tierbild.
2. Suchen Sie nun für sich selbst nach einer Alternative, die für die Situation angemessener / hilfreicher wäre.
3. Erinnern Sie sich an Ausnahmesituationen, in denen Sie bereits diese Haltungen („wie der Nachbarshund") genutzt haben.
4. Nehmen Sie probeweise nochmals diese Haltung ein, um sich deutlicher daran zu erinnern.
5. Gehen Sie nun (zunächst probeweise in Gedanken) in dieser alternativen Haltung auf Ihre Leid auslösende Situation zu. Wenn es sich besser anfühlt als bisher, testen Sie es in der Realität. Sie können sich auch ein Erinnerungsstück zu Hilfe nehmen (z.B. eine Postkarte mit dem entsprechenden Tier), um rascher in diese Haltung zu kommen.

75. Tit for Tat

In der Druckerei Tiegel machte man sich viele Gedanken um die Zukunft. Die Kunden wurden anspruchsvoller und der Wettbewerb immer härter, gleichzeitig fielen viele Aufträge dadurch weg, dass preiswerte Büro-Laserdrucker in Mode kamen. Also beschloss man, sich auf ein neues Feld mit einem exklusiven Kundenkreis zu wagen, das nur von wenigen Kollegen bearbeitet wurde. Hier würde sich rasch zeigen, ob man tatsächlich besser war als die anderen. Als Strategie wurde die Vorgehensweise des „Tit for Tat" angewandt: Man präsentierte sich als Spezialist für ein bestimmtes Druckprodukt, gab an die potentiellen Kunden eine praxistaugliche Musterkollektion aus (an so etwas hatte bisher kein Mitbewerber gedacht) – kurz, die sowieso schon anspruchsvollen Kunden wurden vom erstklassigen Service fast erschlagen. Und das, obwohl bisher nur wenige Aufträge in dieser Richtung vorlagen. Die Rechnung ging jedoch bald auf und innerhalb von fünf Jahren machte man die Hälfte des Umsatzes mit diesem Produkt. Der Marketingleiter meinte dazu: „Wir haben unsere Wunschkunden so behandelt, als wären sie bereits langjährige Partner. So fiel es ihnen leicht, sich entsprechend zu verhalten."

Der Begriff „Tit for Tat" entstammt der Arbeit von Axelrod und Hamilton (1981). Es war der Name eines (von Anatole Rapaport entwickelten) Computerprogramms. Aufsehen erregte es, weil es bei einem Spielturnier sämtliche anderen Programme schlug – und das, obwohl es das kürzeste von allen war.

Seine simple Strategie hieß: Beginne mit Kooperation und tue danach jeweils das, was der andere Spieler auch tut. Selbst in der zweiten Runde – als die anderen Programmierer wussten, wie Tit for Tat vorging, siegte es weiter. Dabei ging es nicht darum, den Gegner zu besiegen, sondern das Spiel möglichst lange aufrechtzuerhalten. De Shazer und seine Mitarbeiter wandten dieses Prinzip auf die Interaktion zwischen Therapeut und Klient an: Nicht mehr der Widerstand des Klienten wurde beachtet, sondern seine Kooperation. Empfahl der Therapeut z.B. eine Hausaufgabe und führte der Klient diese durch, hieß die Schlussfolgerung: weitere Hausaufgaben geben. Tat er es nicht, wurden keine weiteren Hausaufgaben erteilt. Dietmar Friedmann leitete daraus eine auf die innere Haltung zielende Interventionstechnik ab, die sowohl innerhalb wie außerhalb der Therapie/Beratung eingesetzt werden kann.

1. Schritt:

Notieren Sie Gefühle, unter denen Sie leiden (nicht, was der andere tut, sondern, worunter Sie dann leiden).

      Bsp.:
- erniedrigt
- vernachlässigt
- missverstanden

2. Schritt:

Daneben schreiben Sie jetzt je einen neuen Begriff. Dieser sollte ein ähnliches Gefühl beschreiben, jedoch mit einem positiveren Klang. (Hilfsfrage: Wann ist es ausnahmsweise normal, jemanden zu .... - und wie nennt man das dann?)

      Bsp.:

- erniedrigt	- eine Stufe tiefer steigen
- vernachlässigt	- zur Selbständigkeit anregen
- missverstanden	- zur Nachfrage anregen

3. Schritt:

Erinnern Sie sich nun an Gelegenheiten, bei denen Sie die Qualitäten rechts bereits einmal genutzt haben.

4. Schritt:

Erinnern Sie sich an die innere Haltung, die Sie in dieser Lage eingenommen haben. Nehmen Sie diese erneut ein und konfrontieren Sie damit ihre problematische Situation. Denken Sie daran, dass es um Kooperation geht, nicht um Kampf. Sie können auch die Worte einzeln nehmen und es mehrmals durchgehen. Meist zeigt sich, dass solche 'Haltungsreserven' ein neues Licht auf die Situation werfen und sich das subjektive Empfinden augenblicklich ändert.

Über die Haltungsänderung hinaus kann natürlich parallel auch eine Verhaltensänderung eingeleitet werden. Dazu überlegt man sich, womit die Kooperation des 'Spielpartners' hervorgelockt werden kann.

Das obige Beispiel über die Strategie der Druckerei Tiegel illustriert den Vorgang. *Was würde man mit solchen sehr guten Kunden machen? Welche Haltung würde man einnehmen, wenn diese eine Beratung bräuchten?* Genau das wurde umgesetzt und von Anfang an wurde die Druckerei wegen ihres einzigartigen Service gelobt. Voraussetzung ist aber stets die ehrliche und nachhaltige Absicht, mit dem anderen (hier mit dem Kunden und seinem Bedarf) zu kooperieren. Wer nur den einseitigen Vorteil sucht, wird damit kaum weiterkommen.

Angenommen, Ihr Vorgesetzter macht Druck und möchte, dass Sie mehr arbeiten. Ein Teil seiner Motivation könnte durchaus in Ihrem Interesse sein – vielleicht möchte er Karriere machen, dann würden Sie ebenfalls davon profitieren. Oder er stellt Sie vor eine unlösbar scheinende Aufgabe, dann ist das eine einmalige Gelegenheit, Ihre Grenzen zu testen und etwas Neues dazuzulernen.

Was er unter dem Etikett „mehr arbeiten" präsentiert, enthält mehrere Teilziele, die einzeln durchaus reizvoll und unterstützenswert sein könnten. Kooperation muss nicht heißen, einfach einem 'Befehl' zu folgen, sondern die eigenen Ressourcen kreativ und intelligent einzubringen. Scheint es Ihnen so, dass der andere übertrieben für das eigene Fortkommen kämpft, bieten Sie eine Kooperation an, die es Ihnen selbst auch erlaubt, weiterzukommen.

Und noch etwas fällt immer wieder auf: Sobald man haltungsmäßig auf Kooperation schaltet und dem anderen entgegenkommt, kann dieser seine Energie zurücknehmen und kompromissbereiter reagieren. Stellt man sich eher stur, wird er meist versuchen, seine Ziele mit noch mehr Energie durchzusetzen und der Druck erhöht sich.

Übung:
Probieren Sie das „Tit for Tat" mit eigenen Beispielen. Zu Übungszwecken ist es oft leichter, diese Übung mit einem Übungspartner durchzuführen und sich gegenseitig zu unterstützen.

Aus meiner Erfahrung mit diesen Haltungsänderungen ist es meist so, dass nicht so einfach ist, eine bisher nur selten genutzte Fähigkeit auf Anhieb abzurufen. Hier kann ein Übungspartner einspringen und ermutigen.

76. Träume beachten/ignorieren/beeinflussen

Tatjana erinnert sich selten an ihre Träume – nachdem sie aber ein Multi-vitamin-Präparat (mit reichlich Vitamin B6, das für die Traumerinnerung benötigt wird) verschrieben bekam, erlebte sie fast jede Nacht die abenteuer-lichsten Geschichten. Zuerst machte es ihr Angst, bald aber lernte sie, nicht in jeder Traumgeschichte einen tieferen Sinn zu suchen. Es waren einfach zu viele Bilder, die vor ihrem inneren Auge auftauchten.

Eine Szene erschien jedoch immer wieder – sie spielte als Kind ausgiebig mit ihren Geschwistern in der Badewanne. Rasch wurde ihr bewusst, dass sie selbst vor lauter Arbeit in den letzten Jahren viel zu selten ihre spielerischen und genussvollen Seiten ausgelebt hatte. Kaum hatte sie sich eine Jahreskarte für das Saunabad gekauft und einige Stunden dort verbracht, verschwand auch der Traum.

Spätestens durch die Arbeiten und Bücher von Sigmund Freud und Carl Gustav Jung haben Träume seit Anfang des 20. Jahrhunderts ei-nen hohen Stellenwert in der sich entwickelnden Psychotherapie bekommen. Auch viele Nicht-Psychologen achten seitdem sehr auf Traumbilder und versuchen, aus diesen Rückschlüsse auf ihr Inneres zu ziehen.

Dabei scheint ein gesundes Mittelmaß auch hier angeraten. Wer alle Träume beachtet und zu deuten versucht, geht genau so zu weit wie derjenige, der keinen – auch noch so aussagekräftigen – Traum ernst nimmt. Für die Arbeit mit Träumen haben sich aus meiner Sicht vor al-lem drei Vorgehensweisen als nützlich in Richtung „Problemlösung" erwiesen:

1. Das bewusste 'Weiterträumen'
oder 'Weiterspielen' von Angst auslösenden Traumsequenzen. In-dem man nämlich bei Bewusstsein die Regie übernimmt, kann das innere Erleben und Verarbeiten dem unter Umständen folgen. Man-chen Träumern gelingt dies sogar während des Traums. Mit Kindern, die unter Albträumen leiden, kann diese Technik auch in Form von gemalten Bildern benutzt werden; dabei lässt man zuerst ein Bild der Traumsequenz im Original zeichnen. Danach wird das Kind ermutigt, sein Werk nach Belieben zu ergänzen oder auszuschmücken – solange, bis es sich damit einigermaßen angefreundet hat.

2. Anteile integrieren

Personen, die im Traum auftreten, werden versuchsweise als Anteile der eigenen Persönlichkeit interpretiert. So kann z.B. der frühere Lehrer als Symbol für die eigene Fähigkeit, sich etwas beizubringen, gesehen werden. Auch die Interaktion zwischen den Traumgestalten gewinnt so eine neue und oftmals nützliche Bedeutung.

Vor allem Personen oder Figuren (also auch Gebäude, Naturbilder etc.) können als Teile der eigenen Person gesehen und entsprechend interpretiert werden. Ein Abwasserrohr etwa kann durchaus für die eigene Verdauung stehen oder das Gefühl, durch einen dunklen Tunnel mit dem Schlitten zu rutschen, eine Erinnerung an die eigene Geburt repräsentieren.

3. Das 'Hineingehen' in Traumelemente

Anstatt sich als Außenstehenden des erlebten Traums aufzufassen, schlüpft man in die einzelnen Rollen, z.B. in die einer furchterregenden Spinne oder einer tiefen Schlucht. Man fragt sich etwa: „Wie fühlt es sich an, eine tiefe Schlucht zu sein?". Dann sucht man diese Eigenschaften in sich selbst und achtet darauf, ob es in der aktuellen Situation sinnvoll sein könnte, mehr davon auszuleben.

Indem man die Elemente des Traums als „zugehörig" und nicht mehr als „fremd" ansieht, integriert man auch deren Potentiale in die eigene Person. Dies kann sogar so weit gehen, dass Männer träumen, Frauen zu sein oder Erwachsene sich wieder als Kinder erleben. Werden dann die offensichtlich vernachlässigten Anteile verstärkt genutzt/zugelassen, verschwinden diese Träume auch wieder. Träume können also wertvolle Hinweise auf Defizite unserer Lebensgestaltung darstellen. Manche Träume können auch getrost ignoriert werden, nicht jeder Traum hat automatisch eine tiefere Bedeutung. Man darf über einen Traum auch einfach lachen oder sich an angenehmen Bildern freuen.

Übung:

Notieren Sie probeweise die nächsten drei Träume in Stichworten oder zeichnen Sie diese. Versuchen Sie nun nach den oben beschriebenen Methoden, daraus eine für Sie wichtige Erkenntnis zu gewinnen. Falls Sie keine oder wenig Traumerinnerung haben, leiden Sie vermutlich unter einem Vitamin-B6-Mangel. Nehmen Sie täglich ca. 20mg ein (aus der Apotheke oder dem Drogeriemarkt) oder essen Sie abends etwas Nüsse und Fisch, dann kehrt Ihre Traumerinnerung in der Regel rasch wieder zurück.

77. Trainieren von Schwachstellen

Autofahren stellte für Angelo Trappatoni schon immer eine Herausforderung dar: Zum einen war da sein leicht reizbares sizilianisches Temperament, dann seine schwachen Augen und nicht zuletzt seine kurze, untersetzte Figur. Außerdem lebte er erst zehn Jahre in Deutschland und kannte immer noch nicht alle Schilder und Warnhinweise. Nun war er in Rente und fand es passend, endlich professionelle Hilfe in Anspruch zu nehmen. Erst belegte er bei einer Fahrschule noch einmal den Anfängerkurs und lernte alle ihm unbekannten Worte, danach absolvierte er das Sicherheitstraining des Automobilclubs (was ihm besonders gefiel und er ein zweites Mal wiederholte), zuletzt machte er einen Besuch beim Optiker und beim Zubehörhändler: Schon lange hatte er einen speziellen Autositz für kürzere Zeitgenossen im Auge, wie ihn ein Vetter sich hatte einbauen lassen. Im Kalender reservierte er sich bestimmte Trainingszeiten, an denen er das Erlernte auf verschiedenen Strecken wieder und wieder übte.

Die Trainingshaltung ist (wie die Haltung des Lernenden oder des Forschers) in der Regel angenehmer als die Patientenhaltung. Ideal ist dafür, möglichen Problemen zuvorzukommen und Schwachstellen, die Sie selbst als solche erkennen, präventiv zu trainieren. Für das Erkennen solcher Punkte ist die im Folgenden beschriebene Übung (ein 'Zustands-TÜV') gut geeignet – die daraufhin notwendigen Aktivitäten können Sie sich selbst oder mit Hilfe eines Trainers (Beraters, Coachs, Supervisors) zusammenstellen. Wenn Sie keine passenden Ideen haben, hilft Ihnen vielleicht das Studieren einer Trainingsanleitung für eine Ihnen bekannte Sportart. Die darin vorkommenden Tipps lassen sich unter Umständen für das Training Ihrer Schwachstelle umformulieren.

Bevor Sie die Seite ausfüllen, machen Sie am Besten eine Kopie davon oder übertragen die Tabelle auf ein separates Blatt. Folgen Sie bitte den Vorgaben Punkt für Punkt und wiederholen Sie den Selbsttest nach einigen Wochen/Monaten, ohne dabei das ursprüngliche Blatt zu Beginn anzusehen. Vergleichen Sie die Ergebnisse erst, nachdem Sie alles ausgefüllt haben.

Übung:
Stärken-Schwächen-Analyse zur Erstellung eines individuellen Trainingsprogramms – evtl. auch gemeinsam mit einer vertrauten Person, um sich über die Ergebnisse auszutauschen.

Stärken-Schwächen-Analyse für . . . . Datum: . . . .

Anleitung siehe nebenstehende Seite

1. Faktoren:	2. Skalen-wert:	3. Differenz	4. Multi-plikator:	5. Produkt (3. x 4.)
Beispiel: Zustand des Schreibtisches	*8 (rel. gut)*	*2*	*5*	*2 x 5 = 10*
Summe:				
Durchschnitt:				

Anleitung zum Ausfüllen der nebenstehenden Tabelle:

1. In die Spalte 'Faktoren' tragen Sie bitte diejenigen Lebensbereiche bzw. Einflussfaktoren ein, die Sie selbst als einflussreich für das eigene Wohlbefinden bewerten (z.B. berufliche Zufriedenheit, Gesundheit, Schlafqualität, etc.).

2. Bewerten Sie nun alle Faktoren mittels eines Skalenwerts (1 = niedrigster Wert – 10 = höchster Wert). Es geht dabei um Ihre persönliche, aktuelle Wertung. „1" hieße, in diesem Bereich ist alles im Eimer, nichts ist mehr in Ordnung; „10" dagegen bedeutet, hier ist geht es so gut wie nur möglich.

3. Tragen Sie die Differenz des Skalenwerts zu 10 ein (also bei „1" eine „9", bei „10" eine „0" etc.

4. Vergeben Sie nun einen Multiplikator von 1 (wenig Gewicht) bis 10 (sehr viel Gewicht), je nach Stärke des Einflusses; beginnen Sie mit 10 und vergeben Sie möglichst alle Zahlen bis 1.

5. Multiplizieren Sie nun die Differenz mit dem Multiplikator. Je niedriger die Summe bei 5., desto weniger Trainings- oder Handlungsbedarf dürfte bestehen; je höher, desto mehr.

6. Analysieren Sie nun die Ergebnisse (lösungsorientiert), z.B. warum sind manche Werte so gut – was haben Sie richtig ge-macht? Für die Schwachstellen ein Trainingsprogramm aufstellen oder Unterstützung in Anspruch nehmen.

7. Wiederholen Sie diesen Check zu einem späteren Zeitpunkt, möglichst ohne die alten Werte zu sehen. Überprüfen Sie, ob Ihre Trainingsmaßnahmen den erwünschten Einfluss hatten.

78. Typgerechte Lösungen

Wenn sich Thomas, Yvonne und Paula zur gegenseitigen Supervision treffen und ihre Erlebnisse austauschen, verbindet sie ein ganz besonderes Verständnis füreinander: Alle drei gehören zum gleichen Naturelltyp. Im Vergleich zu früheren Gruppen dieser Art läuft es wesentlich angenehmer ab, Missverständnisse kommen nur noch selten vor und vor allem gleichen sich die Lösungsansätze der drei immer wieder erstaunlich, obwohl sie (als Sozialarbeiter, Polizistin und Berufsschullehrerin) nicht automatisch mit den selben Schwierigkeiten zu kämpfen haben.

Wenn Sie sich mit dem Thema Naturellwissenschaft und den darin beschriebenen Unterschieden zwischen verschiedenen "Typen" näher auseinandersetzen möchten, empfiehlt sich ein Buch oder eine Webseite des Autors dazu (z.B. www.123modell.de) – aber auch ohne dieses Vorwissen werden Sie vielleicht rasch erkennen, zu welchem der drei Gruppen Sie gehören, wenn Sie die folgenden typischen Lösungen mit Ihren eigenen Erfahrungen vergleichen.

Beispiele für typische Lösungsmöglichkeiten, die dem Beziehungstyp-Naturell ("gelbes Naturell") gut tun/helfen würden (Ausnahmen):
- sich ausreichend Zeit lassen bei Entscheidungen
- nicht sofort „Ja" sagen, sondern öfters „Vielleicht"
- sich auf ein Problem und seine Lösung konzentrieren
- wenn möglich Dramatik herausnehmen, sachlich sein
- ausreichend Informationen sammeln und auswerten
- die Faktoren 'Geld' und 'Zeit' berücksichtigen
- andere um Hilfe bitten, auch wenn das schwer fällt
- sich weiterbilden, dazulernen und die eigene Unkenntnis eingestehen
- die eigene Leidensfähigkeit trainieren, sich nicht sofort um die Lösung eines Problems kümmern
- sich aus Dingen heraushalten, die einen nichts angehen

Beispiele für typische Lösungsmöglichkeiten, die dem Sachtyp-Naturell ("blaues Naturell") gut tun/gut tun würden:
- Verantwortung übernehmen und Fehler riskieren
- Geld, Zeit und Energie einsetzen, auch wenn man noch nicht 100% vom Erfolg überzeugt ist
- mutig sein, sich möglicher Kritik aussetzen
- angreifen und die Verteidigungshaltung verlassen

- die Opferhaltung aufgeben und aktiv tätig werden
- diplomatisch vorgehen und auf Harmonie achten
- deutlich „Nein" sagen, wenn man etwas nicht möchte
- Lösungsversuche und Entscheidungen nicht weiter hinauszögern
  (nicht 'aussitzen' und inaktiv bleiben)
- auf Recht, Gerechtigkeit und Ordnung pochen

Beispiele für typische Lösungsmöglichkeiten, die dem Handlungstyp-Naturell ("rotes Naturell") gut tun / gut tun würden:
- das eigene Beziehungsgeflecht anzapfen, sich anderen anvertrauen;
  Spaß und Leichtigkeit zulassen
- Schwäche eingestehen und Hilfsbedürftigkeit signalisieren
- eine möglichst positive Einstellung bewahren
- sich der eigenen Fähigkeiten bewusst werden
- Zusammenhänge und Relationen wahrnehmen
- auf die Beziehungsebene achten, diese nicht übergehen
- weniger arbeiten, sich mehr um die Beziehung zu anderen und den
  Kontakt zu sich selbst kümmern
- Ruhe und Erholung einplanen, die Arbeit eingrenzen
- ausreichend Ruhe / Schlaf; wenig Stress und Alkohol
- die kindlichen, spielerischen oder künstlerischen Seiten des Lebens
  mehr beachten
- rechtzeitig zum Arzt, Berater oder Therapeuten gehen und seine
  Schwächen offen eingestehen

Übung:
Suchen Sie sich diejenige der obigen Listen aus, die Sie am meisten anspricht. Versuchen Sie nun, je ein Beispiel aus Ihrer Vergangenheit zu finden, bei denen diese Tipps Ihnen geholfen haben. Machen Sie mehr davon, auch wenn es Ihnen zuerst schwerfällt.

Falls Sie über einen Test im Internet herausfinden möchten, finden Sie diese z.B. auf www.naturellwissenschaft.org – wobei es sinnvoll ist, den Test nicht für sich selbst auszufüllen, sondern von jemand, der einen gut kennt (Partner, Kinder, Kollegen, Eltern).

79. Typgerechter Umgang mit sich und anderen

Herr Türk ist ein beliebter Grundschullehrer. Er ist dafür bekannt, dass er mit fast allen Schülern (und Kollegen) gut auskommt. Selbst so genannte 'schwierige Fälle' sind für ihn weniger problematisch als für andere. Sein Geheimnis ist das Wissen um die unterschiedlichen Naturelle, das er sich auf einer Fortbildung angeeignet hat.

Die Kunst des naturelltypgerechten Umgangs bezieht sich sowohl auf andere wie auch auf die eigene Person. Dabei muss die Kenntnis des eigenen Naturells am Anfang stehen – denn die Interaktion mit anderen kann nur der analysieren, der sich über seinen eigenen Typus im Klaren ist.

Die Naturellwissenschaft als lösungsorientierte Typologie beachtet die unterschiedlich gewichteten Stärken eines Menschen, z.B. ob dieser bevorzugt „Ja", „Vielleicht" oder „Nein"-Haltungen einnimmt. Jemandem, der zu häufig oder zu schnell „Ja" sagt (meist das Beziehungstyp-Naturell), kann man öfters das „Vielleicht" nahe legen; den zögerlichen (Menschen mit Sachtypen-Naturell) hilft dagegen, dass sie auch „Nein" sagen dürfen, ohne dass man sie dann missachtet; und die im „Nein" so geübten ("Roten" mit dem Handlungstyp-Naturell) brauchen hin und wieder einen 'Schubs', damit sie „Ja" sagen und etwas für sie Neues ausprobieren. Naturelltypgerechter Umgang respektiert diese Eigenheiten und fördert deren Ausgleich.

Dabei geht es nicht darum, die Eigenart oder das "Sein" eines Menschen zu ändern, sondern sein Verhalten (wozu auch die inneren Haltungen, das Denken und die Wahrnehmung gehören) flexibler zu machen, die eher schwächeren Fähigkeiten gezielt zu trainieren – und damit im Ernstfall eine höhere Kompetenz im Umgang mit verschiedenartigen Lebenslagen oder Beziehungen zu entwickeln.

Übung:
Beobachten Sie sich und einige Personen aus Ihrer Umgebung hinsichtlich der 'Ja-Vielleicht-Nein'-Gewichtung. Achten Sie einmal darauf, ob diese bei Einzelnen konstant auftritt.

Dieses Muster lässt sich oft gut in der Sprache erkennen, sowohl die Häufung ("Ja, ja" oder "Nein, Nein, Nein") als auch die Vermeidung (also etwas das Verharren in der Unentschiedenheit).

80. Überholen

Firmenleitung und Betriebsrat der Firma Übel waren sich einig: Um den Betrieb zu retten, mussten Kosten eingespart werden. Statt der angestellten Teilzeitkräfte wollte man deren Aufgaben künftig Freiberuflichen anbieten, die je nach Bedarf eingesetzt werden konnten. Die Belegschaft war zunächst hilflos, griff dann aber auf Anregung einer Gruppe Teilzeitangestellter zu einem drastischen Mittel: Aus Solidarität mit ihren Kollegen unterschrieben so gut wie alle Vollzeitkräfte eine Erklärung, dass sie ebenfalls sofort kündigen wollten, wenn die Pläne umgesetzt würden. Damit hatte die Chefetage nicht gerechnet, hastig trat der Vorstand den Rückzug an und suchte mit Unterstützung aller Mitarbeiter nach Sparmöglichkeiten. Der Weg eines Wettbewerbs um die besten Sparideen, welcher als Alternative vorgeschlagen wurde, schien zumindest ebenso erfolgversprechend zu sein.

Neben 'Begleiten' und Dahinterbleiben' ist 'Überholen' die dritte Alternative im Umgang mit sich selbst oder anderen. Nicht nur Menschen (einzelne oder Gruppen), auch Situationen können mit dieser Haltung konfrontiert werden.

Im Sinne des 'Pacings' kann Überholen dann passend sein, wenn das Problem (oder ein Gegenüber) sehr drängelnd auftritt. Wenn man dann, statt mit Ruhe und Besonnenheit zu reagieren, auf die Überholspur wechselt (mehr Energie, mehr Perfektion, mehr Geld, mehr Zeit etc.), geschieht häufig Paradoxes: Die Gegenseite wird langsamer.

Durch das 'Belegen' des aktiven Parts kann oder muss eine Änderung stattfinden. Dadurch können nicht nur bestehende Probleme gelöst, sondern manchmal sogar präventiv verhindert werden.

Übung:
Testen Sie gelegentlich, ob es Ihnen gelingt, sich selbst zu überholen, z.B. indem Sie sich absichtlich in einen an sich unnötigen Zeitdruck versetzen. Beobachten Sie, welchen Unterschied es im Ergebnis und bei der Tätigkeit selbst macht.

Oder Sie nehmen sich vor, doppelt so viele Gäste zu einer Feier einzuladen als geplant, doppelt so viel Geld zu spenden wie gewohnt – oder einen doppelt so lange an einem Projekt zu arbeiten als Sie das zu Beginn vor hatten. Beobachten Sie, wie sich solche absichtlichen Änderungen auswirken.

81. Umbenennen

Herr Umbach ist ein sehr beliebter Rundfunkmoderator. Seine Sendung „Von Mensch zu Mensch", bei der interessante Zeitgenossen ins Studio geladen und live interviewt werden, läuft schon seit mehr als acht Jahren jede Woche. Zu Beginn hatte er allerdings ein Problem, das ihn fast zum Aufhören brachte: Ständig verliebte er sich in seine Interviewpartnerinnen. „Das ist doch ganz normal", versuchte ihn sein bester Freund zu trösten; „du triffst die interessantesten Frauen des Landes und lernst sie vor und während der Sendung recht gut kennen." Für Herrn Umbach aber war das eher eine Qual – die Frauen gingen ihm tagelang nicht mehr aus dem Kopf, obwohl er eigentlich kaum einen wirklichen Kontakt suchte.

Die Lösung kam aus unerwarteter Richtung, denn ihm fiel auf, dass er sich auch in Gemälde, Musikstücke oder schöne Bäume 'verlieben' konnte. In solchen Fällen verwendete er aber für sich nicht das Wort 'verlieben', sondern 'fasziniert sein'. Er merkte, dass er diesen Ausdruck für sein Gefühl den Frauen gegenüber wesentlich passender fand. Nach und nach ersetzte er also den einen durch den anderen Ausdruck und hat seitdem viel seltener ein Problem damit, auch 'faszinierende' Frauen zu interviewen.

Dass bestimmte Worte sich wiederholende Assoziationen auslösen, ist allgemein bekannt. Jeder Einzelne kann aber ganz spezielle Verbindungen schalten, die ihm dann mehr oder weniger gut tun. Wie im obigen Fall kann schon die Umbenennung eines Erlebens oder Gefühls einen großen Unterschied bedeuten.

Auch Unternehmen und Marketingfachleuten kennen diesen Effekt, weshalb manchmal Produkte oder Firmen einen neuen Namen verpasst bekommen, um die alten Verknüpfungen im öffentlichen Bewusstsein zu lösen und ein neues Image aufzubauen. Nicht umsonst nehmen selbst Menschen manchmal einen neuen Namen an, z.B. bei einer Heirat, in einem neuen Land oder dem Eintritt in einen Orden.

Übung:
Achten Sie einmal darauf, wie Sie über sich selbst (auch in Gedanken) sprechen, wenn Ihnen etwas nicht gelingt oder Sie sich ärgern. Testen Sie dann, wie es Ihnen mit alternativen Bezeichnungen/Sätzen geht. Sie können das natürlich auch mit Ihren inneren Kommentaren zu anderen Menschen versuchen. Ideal wäre ein Übungspartner, der Sie täglich ärgert und für den Sie z.B. einen Kosenamen erfinden.

82. Umdeuten, Umetikettieren

*Uli war schon immer etwas anders als seine Geschwister: ruhig und zurück-
haltend, meist schüchtern und verletzlich. Seine Schulerfolge waren nicht
spektakulär, seine Noten eher mittelmäßig. Uli konzentrierte sich auf das für
ihn Wesentliche: seine Computerkenntnisse. Eines Tages besuchte ein älterer
Psychiater, Dr. Deutlich, seinen Vater und das Gespräch kam auch auf ihn:
Nachdem sich der Gast selbst einen Eindruck von dem Jungen gemacht hatte,
warnte er mit eindringlichen Worten die Eltern: Wenn Uli nicht bald eine
ausführliche Therapie begänne, drohe er ins soziale Abseits zu geraten – solche Fälle seien ihm in seiner Klinik öfters vorgekommen. Als er mit der Diagnose am Ende war, ergriff die Mutter das Wort, die bis dahin nur mit einem
Schmunzeln dabeigesessen hatte. Sie erklärte dem zunächst skeptischen Arzt,
was sie neulich in einer Elternfortbildung über unterschiedliche Naturelle
(als Metapher wurden dort Meeresbewohner gewählt) gelernt hatte: Uli sei
keinesfalls „gestört", sondern als „Blauwal" mit einem "blauen Naturell"
eben vollkommen anders wie sie selbst (als „Delfin" mit "gelbem Naturell")
oder wie die beiden anwesenden Männer (beides „Haifische" mit "rotem
Naturell"). Aus Sicht der aktiven „Haifische" sei so ein stiller „Blauwal"
natürlich nicht 'normal', sie könne mit seinem Naturell aber gut leben, so sei
ihr Sohn eben ...*

Schon die Deutung und Etikettierung von Alltagsproblemen kann
ein Eigenleben entwickeln und so zur Verschärfung statt zur Lösung
beitragen. Krankheitsdiagnosen im psychischen Bereich richten häufig besonders viel Schaden an, weshalb manche Psychologen (wie
Michael White) auch fordern, ganz auf sie zu verzichten.

Wichtig erscheint mir, sich hier des konstruktiven Charakters der
Wirklichkeit bewusst zu werden oder zu bleiben. Denn es gibt solche Beschreibungen von Menschen, wie sie die Fachleute benutzen
ja nicht im gleichen Sinne, wie es Bäume oder Steine gibt. Deshalb ist
man auch nicht verpflichtet, sie immer ernst zu nehmen – vor allem
dann nicht, wenn sie mehr Schaden anrichten als Nutzen.

Übung:
Suchen Sie für das nächste auftretende Problem mindestens drei verschiedene Namen (z.B. einen neutralen, einen extrem negativen und
einen übertrieben positiven). Sie können das auch mit zurückliegen-
den, bereits gelösten Schwierigkeiten üben oder Wörter aus Fremd-
sprachen benutzen.

83. Um Rat fragen

Dr. Rathgeb war ausnahmsweise einmal selbst ratlos: Die dritte Nacht in Folge lag er hellwach im Bett und konnte kaum ein Auge zutun. Am Samstagmorgen setzte er sich ans Telefon, rief einige Kollegen und schließlich sogar einen befreundeten Heilpraktiker an. Keiner konnte ihm einen Tipp geben, an den er nicht schon selbst gedacht hatte. Etwas entmutigt berichtete er beim Mittagessen von seinen Fehlschlägen. Kaum war das Stichwort „Einschlafen" gefallen, meinte seine Tochter: „Wie bei mir – mir geht es seit drei Tagen genauso." Jetzt waren sie beide kaum noch zu halten; es schien also eine Verbindung zu geben, die sie beide bisher nicht beachtet hatten. Sie kamen darauf, dass sie gemeinsam einen mehrteiligen Film angesehen hatten. Im Wohnzimmer fand sich schließlich auch des Rätsels Lösung: Auf der großen Tüte Fruchtbonbons, die sie zusammen fast ganz geleert hatten, prangte ein deutlicher Hinweis: „Reich an wachmachendem Vitamin C – kann das Einschlafen behindern! Nicht in den 3-4 Stunden vor dem Schlafen genießen."

Es kommt äußerst selten vor, dass die Probleme oder Beschwerden eines Einzelnen tatsächlich einzigartig sind. So macht es auch Sinn, sie in Worte zu fassen und an verschiedenen Orten um Rat zu fragen. Dabei sollte man sich nicht nur auf die 'Fachleute' beschränken, manchmal weiß auch die Bibliothekarin, der Apotheker oder sogar der Großvater etwas Neues. Falls der Befragte selbst nichts weiß, kann man auch um Weitervermittlung bitten: „Wissen Sie vielleicht, wen ich dazu noch fragen könnte?"

Den Hinweis auf die wachmachende Eigenschaft von Vitamin C gibt es derzeit (Stand 2018) leider noch nicht, selbst nicht auf Babynahrung, was aus Sicht des Autors die Ursache für so manches "Schrei-Baby" sein könnte. Denn in ihr muss laut Gesetz eine bestimmte Menge Vitamin C enthalten sein. Da aber nicht alle Menschen gleich stark darauf reagieren (so das zuständige Bundesamt auf Nachfrage), lasse sich kein Beweis und somit keine allgemein gültige Ursache anführen. Ob Sie von diesem Phänomen betroffen sind, können Sie durch einen Versuch aber leicht herausfinden (einfach abends Orangensaft trinken).

Übung:
Richten Sie versuchsweise eine schwierige Frage (über die Sie selbst gut Bescheid wissen) an jemand, dem Sie auf keinen Fall eine kompetente Antwort zutrauen und lassen Sie sich überraschen, was er/sie trotzdem weiß.

84. Unterschiede wahrnehmen

Ursula litt immer wieder unter Schlafstörungen – besonders wenn sie in Hotels übernachten musste, was in ihrem Beruf als Pharmareferentin regelmäßig vorkam. Trotzdem gab es Orte, an denen schlief sie von der ersten Nacht an wie ein Murmeltier. Zunächst versuchte sie, mit diesen 'sicheren' Hotels zu experimentieren: Was musste sie anders machen, um schlechter zu schlafen, wollte sie wissen. Alle Variablen wurden penibel aufgelistet, von der Schlafrichtung und ihrer Wäsche bis zur Raumtemperatur und der Beschaffenheit der Bettfedern. Mit der Zeit hatte sie eine lange Liste von „Wohlschlaf-Faktoren" und „Störfaktoren" beieinander, so dass sie nun relativ sicher vorhersagen konnte, wie gut sie in einem bestimmten Zimmer schlafen würde. So hatte sie herausgefunden, dass sie von Kopfkissen mit Federfüllung meist einen Hustenreiz bekam, sie bei Neonlicht nicht einschlafen konnte und eine Raumtemperatur von 16 bis 20 Grad Celsius sowie eine Nord-Süd-Ausrichtung des Bettes optimal für sie war, stand darauf. Zudem durfte das Bett nicht aus Metall konstruiert sein oder Metallgegenstände direkt neben dem Bett stehen – ebenso wenig Elektrogeräte oder -leitungen.

Die lösungsorientierte Perspektive besteht vor allem im Beachten von Unterschieden (zwischen Beschwerde und Ausnahme). Die Ursachen von Beschwerden interessieren nur selten. Unterschiede liefern nämlich häufig veränderungstaugliche Informationen, wogegen selbst eindeutige Ursachen, wie Erlebnisse in der Kindheit, meist nicht mehr rückgängig zu machen sind.

Wenn die vermutete Ursache einer Beschwerde jedoch mit deutlichen Aussichten auf Erfolg probeweise verändert werden kann und dies dann einen Unterschied im Befinden bewirkt, ist sie durchaus von Bedeutung (z.B. wenn Schlafstörungen oder einseitige Ernährung zu psychischen Störungen). Auch Zufälle können potentiell lehrreich und nützlich sein. Mir selbst fiel der Unterschied (zum Schlechten), den Metallfedern in der Matratze ausmachen, durch Zufall auf, als ich einmal gezwungen war, auf dem Boden zu schlafen. Ich realisierte es aber erst später, was genau den Unterschied bewirkt hatte.

Übung:
Verändern Sie in Ihrem gewohnten Tagesablauf probeweise kleine Details (z.B. in Bezug auf Ihre Kleidung, Ernährung, den Medienkonsum, die Tischordnung) und beobachten Sie, was für Wirkungen das hat. Behalten Sie bei, was Ihnen optimaler als bisher scheint.

85. Ursachen suchen (nützliche)

Uta war die ganze Schwangerschaft über fröhlich, voller Tatendrang und Hoffnung. Schon kurz nach der Geburt jedoch änderte sich ihr Zustand völlig – sie war missmutig und gereizt, fand das Haus zu dunkel und die Kinder unausstehlich; außerdem schlief sie kaum noch und wurde von Zukunftsängsten geplagt. Verzweifelt suchte sie nach irgendetwas, das ihr helfen könnte. Weil der Unterschied so deutlich war, schien ein Zusammenhang mit der Schwangerschaft nahe liegend. Eine Blutuntersuchung brachte eine lange Mangelliste (u.a. Magnesium, Eisen, Lithium und Zink) an den Tag – mit einer verstärkten Zufuhr dieser Stoffe besserte sich auch ihr Befinden wieder, allem voran die Schlafqualität. Aber erst der stundenweise Wiedereinstieg in ihren alten Beruf brachte sie wieder auf ein Stimmungsniveau, das sie von früher kannte.

Die Suche nach Ursachen von Beschwerden verhilft der Medizin zu erfolgreichen Behandlungsmethoden – bei psychischen Beschwerden lässt sich jedoch häufig keine einzelne entdecken bzw. die vermutete Ursache (z.B. das Verhalten der Lehrer während der Schulzeit, die Art der Beziehung zu den eigenen Eltern in der Kindheit etc.) kann nicht mehr rückgängig gemacht werden.

Daher verzichtet man in der lösungsorientierten Beratung auch größtenteils darauf. Treten aber Beschwerden plötzlich oder regelmäßig auf (z.B. Schlafstörungen nach stressigen Tagen), können manchmal einzelne, leicht veränderbare Ursachen herausgefunden werden. Die Regel könnte lauten: Ursachenforschung ist nützlich, wenn daraus eine bekanntermaßen Erfolg versprechende Behandlung abgeleitet werden kann. Es macht aus Sicht des Autors aber wenig Sinn, dann nach Ursachen zu forschen, wenn sich nach dem Auffinden derselben absehbar keinerlei Unterschiede absehen lassen, also alles beim Alten bleibt. Dann ist es oft besser, die Vergangenheit ruhen zu lassen und sich mehr der Zukunft oder der Gegenwart mitsamt deren Möglichkeiten zuzuwenden.

Übung:
Anstatt nach Ursachen von Problemen zu forschen, gehen Sie einmal den Ursachen gelungener Lösungen oder früherer Erfolge ausführlich nach. Was haben Sie damals richtig gemacht? Welche Fähigkeiten haben Sie gezeigt?

86. Voraussagen treffen

Veronika Vogt ist Pastorin in einer kleinen Landgemeinde in Norddeutschland. Gemeinsam mit einer Halbtagskraft managt sie Gemeindeleben und Büro. Dabei bleibt zwangsläufig ihr Privatleben weitgehend auf der Strecke. Sonderbarerweise gelingt es ihr aber hin und wieder, Punkt fünf Uhr die Pfarrei zu verlassen, ihr Handy auszuschalten und nur noch Privat zu sein. Diese Ausnahmetage rühren aber nicht daher, dass sie weniger zu tun hätte – es muss etwas anderes sein, was sie an solchen Tagen richtig macht; auch ihr Mann hat bereits versucht, ihr den Trick zu entlocken (damit sie es dann öfters anwenden kann), jedoch ohne Erfolg.

Also macht sie nun etwas ganz anderes: Jeden Morgen notiert sie eine Vorhersage auf einen Zettel, um welche Uhrzeit sie voraussichtlich wieder zu Hause ankommen wird. Abends macht sie dann die Gegenkontrolle und versucht sich darüber klar zu werden, weshalb es ein kurzer oder langer Tag geworden ist. Nach ein paar Wochen zeigt sich, dass sie wesentlich häufiger 'normale' Arbeitstage hat – was genau sie an diesen Tagen allerdings anders macht, hat sie jedoch immer noch nicht herausgefunden ...

Aus der Psychotherapieforschung ist bekannt, dass Voraussagen einen positiven Effekt auf die Beschwerdestärke und -häufigkeit haben können. Wichtig ist dabei, ein messbares Element einzuführen (z.B. einen Skalenwert für das subjektive Empfinden oder etwas schwer Messbares, einen Zeitfaktor etc.).

Vorhersagen können auch dazu dienen, sich selbst zu überraschen oder sich zu überlisten. Indem man etwa vorhersagt, dass man diese oder jene Aufgabe voraussichtlich nicht schaffen wird, generiert man eine Art "Gegenkraft", die danach strebt, dieses absehbare Versagen abzuwenden und dafür Kraftreserven zu aktivieren. Wie viele der hier beschriebenen Werkzeuge sollte man sich so etwas aber für die wirklich wichtigen Dinge vorbehalten ...

Übung:
Entwerfen Sie sich bei Gelegenheit ein kleines Experiment nach dem oben beschriebenen Muster und beobachten Sie, was geschieht. Um Unterschiede feststellen zu können, sollten Sie zu Beginn den Normalfall (ohne irgendwelche Beeinflussungen) festhalten und messbar machen. Als Beobachtungsfelder taugen z.B. die Länge von Telefonaten, die Zubettgehzeit, die Dauer regelmäßiger Tätigkeiten etc.

87. Vorbilder

Frau Volkers war zwar das Urbild einer perfekten Mutter – in einem Punkt aber ging ihr diese Qualität zusehends auf die Nerven. Sie hatte es sich nämlich angewöhnt, erst ins Bett zu gehen bzw. einzuschlafen, wenn ihre beiden Töchter ebenfalls zu Hause waren. Je älter diese nun wurden, desto häufiger war es nach 24 Uhr, bis sie die Tür ins Schloss fallen hörte und ihren Schlaf fand. Hier ein Auszug aus dem Protokoll des Gesprächs beim Psychologischen Berater.

Berater: „Kennen Sie jemanden, dem es leicht fallen würde, trotz Abwesenheit der Kinder gut einzuschlafen?"

    Frau V.: „Ja, meine Freundin M. – die kann das hervorragend."

Berater: „Wie nennen Sie diese Eigenschaft ihrer Freundin?"

    Frau V.: „Sie hat einfach eine große Gelassenheit bei so was."

Berater: „Erzählen Sie mir eine Szene, in der Sie eine ähnlich große Gelassenheit wie ihre Freundin zeigen."

    (Frau V. erzählt eine entsprechende Begebenheit)

Berater: „Können Sie bitte probeweise einmal in dieser gelassenen Haltung bleiben und sich vorstellen, Sie wollten ins Bett, ohne dass die Mädchen schon zurück sind."

    Frau V.: „Es fällt mir zwar schwer, aber es fühlt sich ganz anders an – ich glaube sogar, einmal ist mir das bereits gelungen."

Wenn die Suche nach Ausnahmen zu einer Beschwerde für die eigene Person misslingt, hilft wie im obigen Beispiel manchmal ein Umweg über Dritte. Das können nicht nur Menschen sein, sondern auch Romanfiguren, Tiere oder sogar Bäume oder Berge. Es geht ja nicht darum, deren tatsächlichen Kräfte anzuzapfen, sondern diejenigen, die nur schwer erreichbar in einem selbst vorhanden sind.

Sie müssen es jedoch praktisch versuchen – also welches Vorbild Sie dazu anregt, über Ihre bisherigen Fähigkeiten hinaus zu wachsen. Oft zeigt sich übrigens, dass man die gesuchten Eigenschaften oder Fähigkeiten meist doch schon an sich kennt, sie aber bisher übersehen hat oder schlicht vergessen, dass man so eine Seite in sich trägt.

Übung:
Wen bewundern Sie? Was bewundern Sie genau? Identifizieren Sie diese besondere Eigenschaft und suchen Sie die dann (in Ausnahmen oder kleinen Ansätzen) bei sich selbst.

88. „Was haben Sie vergessen?"

Waltraud schämte sich fast, erneut ihren früheren Chef, Herrn Müller, um Hilfestellung zu bitten. Hatte er sich doch nach ihrer Pensionierung extra einen ganzen Samstag lang Zeit genommen, um ihr einen Internet-Zugang und eine E-Mail-Adresse einzurichten. Bis gestern funktionierte auch alles hervorragend, kleinere Probleme konnte sie meist selbst oder mit Hilfe des Handbuchs lösen. Nun ging gar nichts mehr, auf dem Bildschirm blinkte nur noch ein nervöser Punkt.

Die Lösung war aber bald gefunden: Herr Müller erinnerte sie daran, dass dieses Problem kurz nach der ersten Inbetriebnahme schon einmal aufgetreten sei und die Hotline des Herstellers ihr damals umgehend geholfen habe. Das hatte sie doch glatt vergessen!

Immer wieder lässt sich beobachten, dass Menschen in Stresssituationen vorhandene Stärken und Ressourcen entweder überfordern oder schlicht vergessen. Druck scheint das Blickfeld zu verengen, was dann die verfügbare Problemlösungskompetenz deutlich einschränkt. Oft genügt in solchen Fällen schon die einfache Frage: „Was hat Ihnen denn bei der Lösung des letzten schwerwiegenden Problems geholfen?"; denn meist liegt der Lösungsansatz beim Beschwerdeinhaber selbst, auch wenn dieser ihn im Augenblick noch nicht erkennt. Es kann aber durchaus vorkommen, dass die problemlösende Information bei anderen (z.B. Fachleuten) liegt oder überhaupt noch keine Lösung für ein spezielles Problem gefunden wurde.

Übung:
Machen Sie sich eine Liste bereits gelöster Probleme. Schreiben Sie daneben die Ressourcen, die Ihnen jeweils bei der Lösung geholfen haben. Verlängern Sie diese Liste nach und nach; wenn Sie ein Problem nicht gleich lösen können, sehen Sie darauf die aufgelisteten Ressourcen und Erfahrungswerte durch. Diese Liste können Sie auch für einen ausgewählten Bereich (z.B. Computerprobleme) machen.

Solche Sammlungen lassen sich auch für ein Team oder ein ganzes Unternehmen anlegen. Wer an ähnlichen Themen, Maschinen oder mit ähnlichen Gruppen Menschen arbeitet, stößt häufig auch auf ähnliche Probleme mitsamt Lösungen. Viele davon gehen verloren oder können von allen genutzt werden, wenn sie entsprechend dokumentiert und auffindbar gemacht werden, z.B. in einem Intranet.

89. Wasser, Luft, Sonne

Dem Kinderarzt Dr. Walter ging seine Praxis mehr und mehr auf die Nerven – er konnte das überfüllte Wartezimmer, die Suche nach seinen Akten und die ständigen Besuche von Pharmareferenten nicht mehr ertragen. Im Traum erschienen ihm bereits riesige Chipkarten und Rezeptblöcke, die ihn unter sich zu begraben drohten. Als er eines Abends in seiner kleinen Bibliothek noch für einen Patienten recherchierte, fiel ihm die Biografie Sebastian Kneipps ins Auge.

Für Dr. Walter war es ein Wink des Schicksals; am nächsten Morgen bat er einen Kollegen, ihn kurzfristig zu vertreten, und er bekam auch dessen Zusage; bereits ab nächstem Wochenende würde er für vier Wochen alle Verantwortung los sein. Trotz knapper Finanzen gönnte er sich den ersten Urlaub seit drei Jahren: die immer wieder verschobene Kneippkur in den Schweizer Bergen.

Genauso wie „Liebeskummer" oder „Heimweh", die früher noch als offizielle Krankheiten galten, gehören „Wasser, Luft und Sonne" zu elementaren Bedürfnissen eines jeden Menschen, egal wie 'wichtig' oder unabkömmlich sie sind. So hatte für den früheren deutschen Bundeskanzler Helmut Kohl der Sommerurlaub am Wolfgangsee einen festen Platz in der Jahresplanung. Vielleicht ließe sich manch teure Therapie oder Kur durch regelmäßige Pausen in der Natur verhindern. Es muss ja nicht immer gleich ein kompletter Urlaub sein – schon ein ausgedehnter Spaziergang in einer möglichst naturnahen Umgebung (Wald, Berge, Meer, Flussufer) entspannt mehr als vieles andere. Gleichzeitig lösen sich festgefahrene Gedankenkreise und machen neuen Ideen Platz.

Übung:
Machen Sie baldmöglichst einen mindestens halbstündigen Spaziergang in der Natur; beobachten Sie, was mit Ihnen und Ihrer Sicht der Dinge dabei geschieht.

Suchen Sie nach Anlässen, bei denen es Ihnen leicht fällt, Wasser, Luft und Sonne als Regenerationsmittel zu nutzen und machen Sie daraus regelmäßige Angewohnheiten. Das kann der feste Tag für einen Schwimmbadbesuch ebenso sein wie der Weg zu Fuß zum Einkaufen oder der kleine Garten, der Ihre feste Zuwendung einfordert. Auch ein Hund oder Pferd kann in diesem Sinn hilfreich sein.

90. „Wie?" oder „Was?" statt „Warum?"

Herr Wiener litt einige Male im Jahr für mehrere Tage unter dem Verlust seiner Stimme, häufig kurz vor Beginn des Winters. Der Ursache (dem „Warum?") war er allerdings noch nicht auf die Spur gekommen. Die ärztliche Untersuchung brachte keinen Befund, es sei wohl eher psychosomatisch, meinte sein Hausarzt, als er auch diesmal wieder nichts fand. Vielleicht sollte ich einmal versuchen, den Stimmverlust absichtlich herbeizuführen, dachte sich Herr Wiener neulich auf dem Nachhauseweg und spielte in Gedanken durch, was er dazu wohl tun müsse. Denn einen positiven Nebeneffekt zumindest hatte die Sache: Da er so unmöglich unterrichten konnte, fand er genügend Zeit, die Stapel auf seinem Schreibtisch abzuarbeiten und alle überfälligen Klassenarbeiten zu korrigieren. „Wenn ich das eines Tages nicht mehr hätte, müsste ich glatt meine Stunden reduzieren, sonst ersticke ich irgendwann noch an der Arbeit."

Als er den Satz zu Ende gesprochen hatte und in das verblüffte Gesicht seiner Frau blickte, bemerkte er, dass die Stimme wieder da war. Konnte es sein, dass bereits das Nachdenken darüber eine Änderung bewirkt hatte? Auf jeden Fall wollte er beim nächsten Auftreten seiner Stimmlosigkeit dieses Phänomen (das „Wie" und „Was") genau beobachten – was er kurz vorher machte – auch, welche Gedanken ihm dann durch den Kopf gingen. Einen Monat später beantragte er beim Schulamt eine Verringerung seiner Wochenstundenzahl zum nächsten Schuljahr.

Unsere abendländische Denkweise wird einseitig vom Ursache-Wirkung-Prinzip beeinflusst. Infolgedessen meint man, bevor nicht die genaue Ursache einer Beschwerde, eines Problems oder Phänomens erforscht und offengelegt sei, könne keine Beeinflussung (z.B. die Behandlung einer Krankheit) stattfinden. Ignoriert man aber probeweise die Suche nach der Ursache (auch nach den Zusammenhängen, den Verstrickungen etc.) und fragt statt nach dem „Warum?" nach dem „Wie?" oder dem „Was?", entstehen neue, möglicherweise nützlichere Betrachtungsweisen. Dabei ändert sich der Fokus noch insofern, dass nicht nur das Auftreten einer Beschwerde, sondern auch deren Beendigung (oder Abschwächung) Beachtung findet.

„Wie haben Sie es geschafft, nach 16 Flaschen Bier den Trinkabend zu beenden und nicht noch weiter zu trinken?" fragte ein Kurztherapeut seinen rückfällig gewordenen Klienten. Es wurde klar, dass er das 'Schlussritual' bereits nach der zweiten oder dritten Flasche hätte an den Tag legen können. Das war ihm bis dahin auch immer ganz gut gelungen.

Viele Psychotherapeuten hätten vermutlich nur nach der Ursache für den Rückfall („Warum?") gesucht und dadurch die lösungsrelevante Ressource des Verhaltens („Wie? Was?") bei Beendigung des Trinkverhaltens übersehen. Damit wären sie dem gleichen Muster erlegen wie der Klient selbst.

Seine bisherige Musterlösung, nämlich nach zwei Bieren zum Wirt "Bezahlen" zu sagen, also sein Schlussritual, hatte er kurzfristig vergessen, nicht jedoch komplett verlernt.

Um jedoch in dieser Weise Fragen zu stellen, müssen wir uns die „Warum"-Frage so weit wie möglich abgewöhnen, vor allem, wenn sie nach dem ersten Stellen keinen Fortschritt gebracht hat. Noch ein Beispiel – wenn Paare sich streiten, taucht häufig die „Warum"-Frage in dieser Form auf: „Warum bist du nur so ...?" Statt nach dem Grund des So-Seins zu fragen, könnte mehr das Verhalten beachtet werden: „Was geht in dir vor, wenn du dich ständig um den vollen Mülleimer schleichst, ohne ihn mit vors Haus zu nehmen?" oder „Wie gelingt es dir eigentlich, zwei Mal die Woche pünktlich zu Hause zu sein?"

Die Beschreibung von (Lösungs-) Verhalten (dazu gehört auch unser inneres Bedenken oder Wahrnehmen) ermöglicht die Entdeckung wiederholbarer Muster. Hat man dagegen nur den (vermeintlichen) Grund bzw. die Ursache für ein Problem untersucht, ist häufig weiter unklar, *wie* es zu lösen sein könnte.

Das Ziel solcher Fragen ist es, die "Weichen" zu finden, an denen das eine Verhalten weiter in Richtung Problem und ein anderes eher in Richtung Lösung steuert.

Übung:
Eine sinnvolle Übung könnte sein, mit dem Partner, den Kindern oder einem Kollegen eine (kleine) Strafzahlung zu vereinbaren, wenn man unnötigerweise „Warum?" fragt. Allerdings ist es sehr schwer, sich das ganz abzugewöhnen, vor allem, wenn man es sich in langen Jahren angewöhnt hat. „Leicht, aber schwer zu lernen" – diese Charakterisierung der lösungsorientierten Haltung von de Shazer scheint den Sachverhalt treffend zu beschreiben.

91. Worte als Therapeutika

„Fräulein Wonderful" war für Silvia Wunder seit Kindertagen ein gewohntes Kompliment. Dies änderte sich jedoch, als sie durch einen schweren Unfall Teile der Kopfhaut verlor und das Gesicht deutliche Verbrennungsspuren davontrug. Sie fühlte sich wie „Fräulein Hässlich" und büßte viel von ihrer früheren Lebensfreude ein. Einige Monate später stellte die Feuerwehr (für die Versicherung) den Hergang des Unglücks nach.

Der Gutachter, ein pensionierte Feuerwehrmann, nahm Silvia danach beiseite, legte Fotos des verkohlten Unfallwagens auf den Tisch und meinte beeindruckt: „Nicht umsonst heißen Sie 'Wunder' – in meiner ganzen Laufbahn habe ich keinen Menschen getroffen, der aus so etwas lebendig herausgekommen ist!". Diese Worte gingen ihr durch und durch. Mit einem Mal wurde ihr bewusst, dass es wirklich ein Wunder war. Wäre nicht direkt hinter ihr ein Marinesoldat gefahren, der sie aus dem brennenden Auto gezogen hatte...

Therapeutikum bedeutet 'Heilmittel' – schon Sigmund Freud sprach von Worten als Zauber: „Worte waren ursprünglich Zauber, und das Wort hat noch heute viel von seiner alten Zauberkraft bewahrt. Durch Worte kann ein Mensch den anderen selig machen oder zur Verzweiflung treiben."

Tatsächlich werden noch heute in vielen Kulturen (geheime) Worte als magische Instrumente benutzt. Doch auch hier gilt die Regel: „Kommunikation ist nur das, was ankommt." – welche Worte also beim Einzelnen welche Wirkung entfalten, ist jedoch schwer abzuschätzen.

Wir brauchen also den Versuch, das Ausprobieren und dabei die genaue Beobachtung, welche Worte wie wirken (und auf wen sie wie wirken). Denn die Wirkung der Worte liegt ja nicht in den Worten selbst, sondern wie sie beim jeweiligen Empfänger verknüpft, bewertet und interpretiert werden.

Übung:
Testen Sie einmal die Wirkung bestimmter Worte (z.B. mutiger, langsamer, gutmütiger, offener, kritischer, sparsamer) auf Ihr Verhalten oder Ihre Einstellung, indem Sie diese in Form von kleinen Zetteln an Orte legen / stellen / kleben, an denen sie Ihnen regelmäßig von selbst ins Auge springen.

92. Wunderfrage

Während einer Fortbildung sollte Herr Wustrow mit seinen Kollegen ein Drehbuch für den idealen Tag in ihrer Bankfiliale schreiben. Begeistert gingen sie ans Werk und waren erstaunt, dass ihnen kaum Verbesserungsmöglichkeiten einfielen. Die einzige, aber entscheidende Änderung war: Die strengen Arbeitszeiten wurden aufgehoben, man wechselte sich am Schalter und Telefon je nach Anwesenheit ab. Jeder hatte die Idee bisher für sich behalten, durch diese Aufgabe kam sie gleichzeitig mit einem Lösungsansatz zur Sprache. Da es der einhellige Wunsch der Belegschaft zu sein schien, stimmte auch der Vorstand einem Probejahr zu und wurde schon bald durch einen deutlich niedrigeren Krankenstand vom Erfolg der Maßnahme überzeugt.

Die amerikanische Therapeutin Insoo Kim Berg hörte von einer verzweifelten Klientin den Satz: „Mir kann nur noch ein Wunder helfen!". Geistesgegenwärtig reagierte sie und fragte, wie denn solch ein Wunder aussehen würde. Die Antwort der Klientin schien für den Fortgang der Therapie sehr nützlich zu sein, so dass die „Wunderfrage" von da an in das Repertoire ihres Teams und später in das vieler Therapeuten Eingang fand. Letztlich geht es darum, eine gelungene Lösung zu beschreiben.

Dafür wird an die bekannten Lebensumstände der Klienten angeknüpft, z.B. indem man die Beschreibung eines "Wundertages" mit dem gewohnten Muster beginnt und dann nachfragt, was denn der Unterschied zu einem "Problemtag" bedeutet – also woran konkret man merken wird, dass die Lösung gefunden wurde bzw. das Problem keines mehr ist. Dies mag zunächst schwer klingen. Da wir jedoch die allermeisten Probleme, die uns im Laufe der Zeit begegnen, auch meistern, haben wir dafür ein großes Repertoire zur Verfügung.

Übung:
Stellen Sie sich vor, Sie beenden heute Abend Ihren Tag wie gewohnt, legen sich ins Bett und schlafen ein. Aber während Sie schlafen – geschieht ein Wunder: Ihr schwierigstes Problem löst sich von selbst, ohne Ihr Zutun und Wissen. Nun wachen Sie morgen früh auf und Ihr erster „Wundertag" bricht an. Woran würden Sie (Ihre Kollegen, Familie, Freunde etc.) merken, dass es ein besonderer Tag ist? Was unterscheidet ihn von den vorhergehenden? Bei welcher Gelegenheit wird es für andere (Menschen, Tiere) in Ihrer Umgebung unübersehbar, dass ein 'Wunder' passiert ist?

93. Wunscherfüllung

Wulff lebte während seines Medizinstudiums äußerst bescheiden. Er erhielt kaum Unterstützung, seine ehemals wohlhabende Familie hatte ihr Vermögen durch politische Umstände verloren, er wurde krank und deprimiert. Das Leben widerte ihn an, obwohl er kaum 22 Jahre alt war. Just in dieser schlimmen Phase suchte ihn ganz unerwartet ein Rechtsanwalt auf und berichtete ihm von einer beträchtlichen Erbschaft, die ihn für den Rest seines Lebens von der Notwendigkeit, einen Erwerbsberuf auszuüben, befreite.

Augenblicklich war Wulff geheilt – er erfüllte sich entgegen dem Rat seines Notars und seiner Freunde seinen bisher vollkommen unrealistischen Herzenswunsch nach edlen Pferden und führte ein sehr aufwändiges Leben, so dass bereits nach wenigen Jahren von der ganzen Erbschaft nichts mehr übrig war. Um die Erinnerung an ein besondere Zeit reicher, nahm er mit Mitte 30 sein Studium wieder auf und wurde später ein bekannter Physiologe.

Manche unserer Wünsche sind uns deutlich bewusst, andere nur bruchstückhaft – diese tauchen dann manchmal in Form von Neid (auf andere, die uns daran erinnern) oder auch in Träumen auf. Hier ist nicht nur an materielle oder sexuelle Wünsche zu denken; auch das Bestreben, mehr Zeit für etwas Wichtiges zu haben, ein Kunstwerk zu schaffen oder ein Haus zu bauen, kann, wenn es langfristig unterdrückt wird, zu Problemen führen.

Die Geschichte der Psychologie weiß von z.T. sehr dramatischen Auswirkungen erfüllter und unerfüllter Wünsche – die obige Geschichte lehnt sich an den historischen Fall des Francois Magendie an (beschrieben im Buch „Die Entdeckung des Unbewussten" von Henry F. Ellenberger).

Übung:
Stellen Sie sich eine Liste zusammen, auf der große und kleine Wünsche festgehalten sind. Dies müssen nicht neue Wünsche sein, sondern auch durchaus "Wiederholungswünsche". Wenn Sie sich das nächste Mal unwohl oder frustriert fühlen, machen Sie einen davon wahr. Beobachten Sie dann, wie es sich auf Ihr Befinden auswirkt.

Sie können eine solche Liste auch von Ihrem Partner oder Ihren Kindern anlegen und bei entsprechender Gelegenheit einen davon überraschend oder als Belohnung erfüllen.

94. Zeitfaktor beachten und nutzen

Frau Zeidler ist freie Autorin. Sie kann sich ihren Tagesablauf weitgehend selbst einteilen. An manchen Tagen allerdings erlebt sie sämtliche Tätigkeiten als Problem – ihr fehlt einfach der 'Drive'. Haushalt, Korrespondenz, Buchprojekte: Alles ist ihr zu viel.

Neulich hat sie einen Trick herausgefunden, wie sie sich mit Hilfe der Zeit überlisten kann: Sie zwingt sich nicht mehr, zu einem bestimmten Zeitpunkt der Woche, eine bestimmte Arbeit zu tun (außer, sie muss gerade heute getan werden). Stattdessen betrachtet sie die ganze Woche so, wie sie früher einen einzelnen Tag wahrgenommen hat – sie arbeitet jeweils nur das, wozu sie genügend Motivation verspürt und beurteilt dann einmal pro Woche, ob sie auch wirklich genügend gearbeitet hat. Im Ergebnis haben sich sowohl ihre Produktivität als auch ihre persönliche Zufriedenheit gesteigert.

Die Wahrnehmung und Nutzung des Faktors 'Zeit' bei der Problemlösung gelingt manchen Menschen leichter als anderen. Spätestens seit Albert Einstein ist allgemein bekannt, dass Zeit genauso als Dimension gesehen werden kann wie der Raum. Dass auch Probleme (wie die meisten Dinge) eine zeitliche Existenz haben, die nicht ohne weiteres ignoriert werden kann, gehört daher zum Basiswissen jeder Problemlösung. Oft lässt sich nämlich ein Problem zum einen Zeitpunkt hervorragend lösen, zu einem anderen dagegen nur (noch) unter großer Anstrengung. Manchmal zeigt sich der unpassende Zeitpunkt dadurch, dass etwas nur ungewohnt zäh oder widerstrebend vorangeht.

Dann ist das Warten auf den richtigen Zeitpunkt angeraten, wobei es oft erst durch den Versuch klar wird, ob er schon da ist. Manche Menschen entwickeln auch ein Gespür dafür, ob es schon an der Zeit ist für eine Lösung oder noch nicht; vor allem dann, wenn man regelmäßig ähnliche Prozesse durchläuft, z.B. wenn man als Sozialarbeiter mit Familien arbeitet oder als Coach mit Unternehmern.

Übung:
Lösen Sie probeweise das nächste Problem entgegen Ihrer Gewohnheit: Wenn Sie meinen, es rasch lösen zu müssen, zögern Sie die Sache etwas hinaus; meinen Sie dagegen, Sie könnten damit noch warten, zwingen Sie sich, es sofort anzugehen. Beobachten Sie, ob es einen Unterschied (Spaß, Durchführung, Ergebnis) macht.

95. Ziele erreichbar formulieren

Kaum hatte das neue Schuljahr begonnen, ging es mit den Leistungen von Zacharias bergab. Die Eltern machten sich Sorgen und fragten ihren Sohn, ob sie etwas für ihn tun könnten. Zacharias zog aber ein Gespräch mit dem Vertrauenslehrer vor, denn der hatte ihm schon einmal nützliche Tipps gegeben. Auf die erste Frage von Herrn Valentin, wie er denn sein Problem benennen würde, fielen ihm sofort zwei neue Lehrer ein, mit denen er überhaupt nicht zurechtkam. Der eine war ein richtiger Griesgram und dem anderen gelang es nicht, etwas so zu erklären, dass Zacharias es verstand. Dann wollte der Beratungslehrer wissen, was denn sein Ziel wäre. Auch hier war ihm sofort klar, dass die Antwort „bessere Noten schreiben" hieß. Nach und nach formulierten sie zusammen aus diesem ersten Ziel eine genaue Notenliste, die das Mindestziel fürs übernächste Schuljahr darstellte. Für den Augenblick, als ersten Schritt sozusagen, ging es aber darum, in Deutsch wieder auf eine Vier zu kommen. Und da ihm neulich seine Banknachbarin Caro so gut Physik erklärt hatte, wollte er sie fragen, ob sie ihm auch in Deutsch etwas Nachhilfe geben würde. Nach einer knappen halben Stunde verließ Zacharias das Sprechzimmer und war froh, solch einen Beratungslehrer zu haben.

Bevor man sich Ziele vornimmt, empfiehlt sich eine Abklärung der Formulierung. Denn Ziele werden häufig unerreichbar gesetzt – z.B. formulierte 1998 der damals neu gewählte deutsche Bundeskanzler Schröder das Ziel, binnen vier Jahren die Zahl der Arbeitslosen auf unter 3,5 Mio. zu drücken. Dabei war offensichtlich, dass dies außerhalb seiner eigenen Machtbefugnisse und Möglichkeiten lag. Wenn man merkt, dass Zielformulierungen den folgenden Kriterien nicht entsprechen, sollte man das Ziel dahingehend umformulieren – nicht selten zeigt sich dann, weshalb das angestrebte Ziel bisher nicht erreicht wurde. Immer wieder kommt es vor, dass nach einem solchen Umformulierungsprozess ganz andere Zielsetzungen entstehen, diese jedoch bei den Beteiligten mehr Energie, Kreativität oder Motivation freisetzen. Unlust, Kraft- oder Motivationslosigkeit dagegen lässt häufig auf unerreichbar formulierte Ziele schließen.

Im Rückblick (wenn man bereits erreichte Ziele untersucht) haben sich die folgenden sieben Kriterien als aus-schlaggebend erwiesen:

1. Ziele sollten konkret/messbar formuliert werden.
Beispiel: „Ich will lernen, an 4 von 5 Tagen mit einem 7,5-Stunden-Tag auszukommen."

Gegenbeispiel: „Ich will lernen, weniger zu arbeiten und früher nach Hause zu kommen."

2. Ziele sollten anwesend/positiv formuliert werden.
Beispiel: „Ich möchte lernen, meinen Kindern besser zuzuhören."
Gegenbeispiel: „Ich möchte nicht mehr so viel mit meinen Kindern streiten."

3. Ziele sollten bekömmlichst formuliert werden.
Beispiel. „Ich will mich weiterbilden und zusätzliche Fähigkeiten erwerben, um mehr Spaß bei der Arbeit zu haben."
Gegenbeispiel: „Ich will um jeden Preis einen Doktortitel bekommen und Karriere machen."

4. Ziele sollten attraktiv/motivierend formuliert werden.
Beispiel: „Ich möchte wieder mehr Spaß mit meinen Kindern erleben."
Gegenbeispiel: „Ich muss mehr Rücksicht auf die Interessen der Familie nehmen."

5. Ziele sollten realistisch formuliert werden.
Beispiel: „Ich will monatlich 10% meines Einkommens zur Altersvorsorge verwenden."
Gegenbeispiel: „Ich will irgendwann Millionär werden, damit ich im Alter nicht verarme."

6. Ziele sollten in der Macht/im Einflussbereich des Formulierenden liegen.
Beispiel: „Ich will meinen Teil dazu beitragen, dass die Firma vorankommt."
Gegenbeispiel: „Ich will, dass sich mein Abteilungsleiter endlich dankbar zeigt."

7. Ziele sollten stufenweise formuliert werden.
Beispiel: „Ich möchte meine Schulden Stück um Stück abarbeiten."
Gegenbeispiel: „Ich möchte meine Schuldenlast auf einen Schlag loswerden."

Übung:
Nennen Sie spontan einen Lebenstraum. Nun gehen Sie nacheinander die sieben Kriterien durch. Falls ein Kriterium nicht zutrifft, versuchen Sie, das Ziel so umzuformulieren, dass am Ende alle sieben zutreffen.

96. Ziele trennen/einzeln angehen

Eigentlich wollte Frau Zielinski nichts Ungewöhnliches: sich mehr um ihre Familie kümmern und die Umsätze des Blumenladens stabilisieren. Sie sah darin keinen Widerspruch und wurde sowohl vom Betriebsberater als auch von ihrem Mann unterstützt. Wenn nämlich der Umsatz dauerhaft stabil blieb – so ihr Kalkül –, könnte sie an zwei Nachmittagen zuhause bleiben und für die Kinder da sein. Allerdings wuchs der Stress von Woche zu Woche und sie wurde zusehends verkrampft, wenn ein Kunde nur einen kleinen Strauß verlangte. Immer wieder ertappte sie sich dabei, dass sie sich entweder als Rabenmutter oder als schlechte Geschäftsfrau fühlte.

Einen Ausweg ermöglichte ihr schließlich eine Freundin: Sie bot ihr an, für ein halbes Jahr zwei Nachmittage pro Woche auf Provisionsbasis zu arbeiten. Plötzlich konnte Frau Zielinski das Ziel 'stabilerer Umsatz' loslassen und sich mit gutem Gewissen ihrer Familie zuwenden. Trotzdem war sie froh, als sie sah, dass sich die Einnahmen nach drei Monaten leicht gesteigert hatten und ihre Aushilfe mehr als zufrieden war.

Ein häufig zu beobachtendes Problemmuster sind kombinierte Ziele. Einzeln betrachtet erscheinen diese jeweils unterstützenswert und erreichbar; sobald aber beide miteinander verknüpft werden, können sie sich gegenseitig blockieren. „Das Ganze ist mehr als die Summe seiner Teile" – dieser Satz von Christian Ehrenfels gilt auch für mehrere gleichzeitig angestrebte Zielsetzungen. Getrennt werden können Ziele z.B. durch eine zeitliche Reihenfolge (einen Tag sich um dieses Projekt kümmern, den nächsten um das andere).

Übung:
Überprüfen Sie Ihre aktuellen Zielsetzungen und achten Sie darauf, ob Sie eventuell mehrere unnötig verbunden haben bzw. welche davon sich gegenseitig behindern und besser getrennt angegangen werden sollten.

97. Zinkstatus beachten

Frau Zinsser ernährte sich seit ihrem Indienaufenthalt vor fünf Jahren streng vegetarisch. Nicht nur die Lehren ihres Gurus, auch die diversen Tierskandale der letzten Zeit hatten sie darin bestärkt. Zudem fühlte sie sich schon nach wenigen Tagen fleischloser Kost leichter und voller Energie. Nach und nach litt sie jedoch unter bisher unbekannten Beschwerden: Ihre Haare wurden dünner, Verletzungen heilten nicht mehr so schnell ab, morgens kam sie nur mit Mühe aus dem Bett. Auch psychisch war ihre frühere Zähigkeit und Ausgeglichenheit einem Gehetztsein und gelegentlichen, quälenden Angstgefühlen gewichen. Sie führte das auf ihre nachlässig durchgeführten Meditationsübungen zurück. Auch quälte sie permanent ein schlechtes Gewissen, weil sie regelmäßig ihren stärker werdenden Gelüsten nachgab und an manchen Tagen drei Tafeln Bitterschokolade aß. Ihre Haut und ihr Gewicht reagierten entsprechend – sie hatte aber den Eindruck, nur so einigermaßen über die Runden zu kommen. Durch ihren Arzt ermutigt, machte sie im Internet einen dort angebotenen Zinkmangeltest und wunderte sich gehörig über die extrem hohe Punktzahl. Eine anschließende Kontrolluntersuchung ihrer Blutwerte bestätigte das Ergebnis: nicht nur ihr Zinkstatus war niedrig, auch bei den Vitaminen B6 und B12 war dringender Handlungsbedarf angesagt.

Unter den lebensnotwendigen Mineralstoffen und Vitaminen nimmt das Zink in zweierlei Hinsicht eine Sonderrolle ein: Ein Zinkmangel lässt sich im Blut erst sehr spät (d.h. bei deutlichen Mängeln über einen längeren Zeitraum) nachweisen, weshalb bei den üblichen Bluttests häufig noch alles in Ordnung scheint.

Der Mineralstoff Zink hat zudem (ähnlich wie Magnesium oder Jod) eine sehr zentrale Bedeutung für viele körperlichen und mentalen Vorgänge – die Mangelerscheinungen sind unspezifisch und werden dadurch häufig von Ärzten oder Heilpraktikern übersehen. Den meisten Psychologen bzw. Psychiatern ist überhaupt nicht bekannt, welchen Einfluss Zinkmangel auf das psychische Befinden ihrer Patienten haben kann.

Um Ihr Zinkmangelrisiko zu testen, notieren Sie bitte auf einem separaten Blatt maximal die in Klammern stehende Punktezahl; wenn ein Punkt nur zum Teil auf Sie zutrifft (wenn Sie z.B. hin und wieder Fleisch essen), verringern Sie die Maximalpunktezahl entsprechend. Dieser Test wurde im Jahr 2000 vom Autor und von Dr. med. Monika Schwarz, Hautärztin aus Tübingen, entwickelt.

Zinkmangelrisiko-Test: Teil A
Risikofaktoren, die für einen Zinkmangel anfällig machen:

( ) 5   fleischarme Ernährung (vor allem Rindfleisch u. Leber)
( ) 5   Schwangerschaft/en, Stillzeit
( ) 5   Krebs- oder Tumorerkrankungen
( ) 5   starker Alkoholkonsum
( ) 5   Drogenkonsum (z.B. Kokain, Haschisch)
( ) 5   Narkose/n in jüngster Zeit
( ) 5   Essstörungen, Bulimie, Anorexie
( ) 5   Chemo- oder Strahlentherapie
( ) 4   anhaltender Stress – auch psychischer Art
( ) 4   künstliche Ernährung (per Sonde) mit zu wenig Zink
( ) 4   häufige Fastenkuren oder Diäten
( ) 4   Unterernährung, Mangelernährung
( ) 3   Cortison- oder Penicillamin-Einnahme
( ) 3   schweißtreibender Sport, Leistungssportler
( ) 3   regelmäßige Saunagänge
( ) 3   Trauerfall im persönlichen Umfeld
( ) 3   Männer: starke sexuelle Aktivität
( ) 3   Frauen: Verwendung der 'Pille'
( ) 2   Monitor- oder Bildschirmarbeitsplatz
( ) 2   Computer als Freizeitbeschäftigung
( ) 2   regelmäßige/r Raucher/in
( ) 2   starke Gewichtsabnahme in jüngster Zeit
( ) 2   häufige Verwendung von Abführmitteln
( ) 2   hohe Calciumaufnahme (z.B. durch Milch, Käse)
( ) 2   körperliche Schwerstarbeit
( ) 1   hohe Magnesiumaufnahme (Präparate, Bananen)
( ) 1   hohe Kupfer- oder Eisenaufnahme (Präparate)
( ) 1   hohe Phytataufnahme (Bohnen, Vollkorngetreide)

Zinkmangelrisiko-Test: Teil B
Mögliche Zinkmangel-Folgebeschwerden oder Zinkmangel-Begleitbeschwerden

( ) 5   schwaches Immunsystem
( ) 5   Depressionen, Angstzustände, Phobien
( ) 5   „Wochenbettdepressionen" nach der Geburt
( ) 5   Suizidgedanken oder Suizidversuche
( ) 5   Schizophrenie, Persönlichkeitsveränderung
( ) 5   Aggressivität, Gereiztheit

( ) 5   starker Haarausfall
( ) 5   anhaltende Hautprobleme
( ) 4   Geruchs- oder Geschmacksstörungen
( ) 4   schlecht heilende Wunden oder Narben
( ) 4   häufige Erkältungen / Grippeanfälligkeit
( ) 4   Nagelveränderungen (z.B. weiße Flecken)
( ) 3   Allergien, Heuschnupfen
( ) 3   Heißhunger – z.B. auf Fleisch, Schokolade, Nüsse, Kakao,
          Marzipan, Cashewkerne, Mandeln, Austern
( ) 3   Hörsturz, Tinnitus, Gehörprobleme
( ) 3   Männer: Impotenz, sexuelle Lustlosigkeit
( ) 3   Frauen: prämenstruelles Syndrom
( ) 2   Übergewicht, Fressanfälle
( ) 2   Nachtblindheit, Sehstörungen
( ) 2   andauernde Schlafstörungen
( ) 2   Aufwachprobleme
( ) 2   Konzentrationsschwäche, Leseunlust
( ) 2   Gedankenstörungen
( ) 2   fehlende Traumerinnerung
( ) 1   wechselnde oder schlechte Handschrift
( ) 1   schlechtes Namensgedächtnis
( ) 1   Fieberbläschen, Herpes labialis (Lippenherpes)

Gesamtergebnis: .... Punkte

Auswertung:
Ergebnis (insgesamt) bis 10 Punkte:
Eine Unterversorgung mit Zink ist eher unwahrscheinlich. Die probeweise Durchführung einer Zinkkur bei Beschwerden aus Teil B kann aber versucht werden.

Ergebnis (insgesamt) 11 - 20 Punkte:
Eine leichte Unterversorgung mit Zink ist wahrscheinlich. Eine Zinkkur mit gezielter Beobachtung der Beschwerde-Veränderungen sollte versucht werden. Die Risikofaktoren nach Möglichkeit minimieren.

Ergebnis (insgesamt) über 20 Punkte:
Eine Unterversorgung mit Zink ist sehr wahrscheinlich. Zur Sicherheit sollte auf jeden Fall eine Zinkkur durchgeführt werden. Wir empfehlen ein Gespräch mit Ihrem Arzt und die Minimierung der jeweiligen Risikofaktoren. Eine Unterversorgung weiterer Personen in der Familie oder im persönlichen Umfeld (ähnliche Ernährung, ähnliche Risikofaktoren) ist wahrscheinlich und sollte getestet werden.

Anleitung für die Durchführung einer Zinkkur:
Bei einer täglichen Zufuhr von 12-25mg Zink zusätzlich zur normalen
Nahrung geben Sie Ihrem Körper Gelegenheit, verbrauchte Bestände
wieder aufzufüllen. Dies ist nach unserer Beobachtung innerhalb 60-
100 Tagen ausreichend geschehen, falls keine Aufnahmestörungen
vorliegen.

Es empfiehlt sich, mit niedrigen Mengen (ca. 6-12mg täglich) zu beginnen und erst nach einigen Tagen auf maximal 25-50mg zu erhöhen. Bei
bestehenden Nierenerkrankungen sollte Zink nur nach Rücksprache
mit dem Arzt eingenommen werden.

Beachten Sie auf jeden Fall die Angaben auf dem Beipackzettel,
besonders den geforderten Einnahmezeitpunkt! Zink-Präparate sind
meist wirkungslos, wenn sie mit der Mahlzeit eingenommen werden,
deshalb sollten sie eine Stunde vor oder drei Stunden nach einer Mahlzeit verwendet werden.

Gestört wird die Zinkaufnahme durch gleichzeitige Zufuhr von Calcium, Kupfer, Eisen oder Magnesium – solche Kombinationspräparate
sind daher für eine gezielte Zinkzufuhr ungeeignet. Dagegen fördern
die Vitamine C, A und B6 die Zinkaufnahme.

Wenn Sie ein bestimmtes Präparat schlecht vertragen (Magen- oder
Kopfschmerzen), versuchen Sie ein anderes oder verringern Sie die
Dosierung. Ihre Apotheke berät Sie bei der Wahl eines geeigneten
Präparats. Die Einzeldosis sollte mindestens 115mg, höchstens 25mg
betragen (für Erwachsene). Berichte über schwere Nebenwirkungen
(etwa Kupfermangel) beginnen bei einer Einnahme zwischen 275 und
550mg Zink pro Tag.

Übung:
Testen Sie anhand des obigen zweiteiligen Fragebogens Ihr persönliches Zinkmangelrisiko (bzw. das Ihrer Familienmitglieder oder Freunde) und bedenken Sie bei hohen Punktezahlen die empfohlenen praktischen Schritte.

Den Zinkmangel-Risikotest können Sie auch online auf www.zinktest.
de ausfüllen. Mehr Infos zum Thema gibt es kompakt auf der Inter-
netseite www.wernerwinkler.de/zink-info.htm oder im Buch "Was
Sie über Zink und Zinkmangel wissen sollten" des Autors (2016).

98. Zweifel wecken (Dekonstruktion)

Eine mittelalterliche Geschichte: Zum zweiten Mal schon tauchte der Alte mit dem Fernrohr beim König auf und hielt ihm einen Vortrag. Der Herrscher müsse keine Angst vor den Aussagen des Hofastrologen haben, der behauptete, seine Amtszeit gehe demnächst zu Ende. Zwar sei die Sonnenfinsternis vom letzten Monat ein außergewöhnliches, aber kein unheilbringendes Ereignis. Er ließ den König nachts durch die Röhre schauen, zeigte ihm die Ringe des Saturn und die um den Mars kreisenden Monde. Für beides konnte der herbeigerufene Magier in seinen alten Schriften keine Erklärung finden und machte sich darüber lächerlich, als er vermutete, auf den Linsen sei womöglich Staub oder Atemhauch, der solche Phänomene erzeuge. „Du hattest wohl recht mit deiner Vorhersage", sprach ihn darauf der König an. „Es geht eine Amtszeit zu Ende, und zwar die deinige. Ich werde mein Geld stattdessen für eine eigene Sternwarte ausgeben und an der Universität einen Lehrstuhl für Astronomie einrichten."

Zweifel zu wecken im Sinne einer Dekonstruktion setzt voraus, dass jemand an einem Konstrukt (einer Ansicht) leidet. Bezieht sich die Beschwerde auf etwas tatsächlich Vorhandenes (z.B. ein fehlendes Bein), passt dieses Werkzeug nicht. Folgert ein Patient aber aus dem fehlenden Bein, nun habe sein Leben keinen Sinn mehr, dann handelt es sich um ein potentiell veränderbares Konstrukt. Viele Menschen sind sich gar nicht bewusst, wie viele ihrer Vorstellungen 'nur' Konstrukte sind und genauso gut ganz anders gesehen und benannt werden könnten. Eine Regel zur Unterscheidung (Achtung: auch diese Regel ist nur ein Konstrukt): Was jederzeit objektiv und eindeutig messbar festgestellt bzw. überprüft werden kann, gilt nicht als Konstrukt.

Außerdem lässt sich beobachten, dass Wirklichkeit auch durch Übereinstimmung zwischen einer Gruppe von Menschen erzeugt wird. Angenommen, in der obigen Geschichte würden alle im Umfeld des Königs an die schicksalsbestimmende Macht der Sterne glauben und sich danach richten, so entstünde unter ihnen sehr wohl eine Form von Wirklichkeit, obwohl es von außen gesehen nur ein Konstrukt wäre. Den Ausführungen des Philosophen Karl Popper folgend, lassen sich sämtliche Phänomene in drei Kategorien einteilen:

1. Die materielle, tatsächlich vorhandene Welt, wie sie von allen Menschen identisch wahrgenommen wird. Das heißt z.B., jeder gesunde Mensch wird, wenn er gegen eine Wand rennt, einen Laut erzeu-

gen und Schmerzen spüren. Also ist das Vorhandensein der Wand eine Tatsache, auch wenn ein Physiker argumentieren könnte, aus atomarer Sicht bestünde die Wand nur aus Energie oder Quantenzuständen. In der alltäglichen Lebenswelt macht die quantenphysikalische Sichtweise keinen Sinn und kann daher vernachlässigt werden. In medizinischen Experimenten wird als Test, ob es sich z.B. bei der angenommenen Wirkung von Medikamenten um Tatsachen (oder Fehlzuschreibungen, Scheinbeobachtungen, Placebowirkungen etc.) handelt, die Durchführung mehrerer „placebokontrollierter Doppelblindtests" als Standard akzeptiert. Dabei bekommt die eine Hälfte der Patienten das Medikament, die andere das Placebo; weder Ärzte noch Patienten wissen aber, zu welcher Gruppe sie gehören. Erst am Ende wird das Ergebnis den Gruppen zugeordnet. Zeigen dann etwa ein homöopathisches Mittel und ein wirkstoffloses Placebo die gleiche (wenn auch positive) Wirkung, muss man an anderer Stelle nach der Ursache suchen (z.B. im Glauben der Patienten an die Wirksamkeit und die dadurch veränderten Parameter wie Wahrnehmung oder Immunabwehr). Das hieße dann, die angenommene Wirkungsweise wäre ein Konstrukt, die Wirkung selbst jedoch eine Tatsache.

2. Die subjektive Welt des Individuums. Auch hierbei handelt es sich um Konstrukte, jedoch nicht um gemeinsame einer Gruppe, sondern auf den Einzelnen begrenzte. Wenn ich mich etwa für einen „Deutschen" halte, lässt sich das in keiner Weise an biologischen Merkmalen beweisen. Ein Vermerk in meinem Pass gehört eindeutig zur 3. Kategorie. Auch hier verwechseln viele (z.B. psychisch extrem leidende Menschen) ihre Vorstellungen und Sichtweisen („ich bin Napoleon") mit der realen Welt aus der 1. Kategorie. Findet sich dann niemand, der ihre Selbstwahrnehmung teilt, kann das zu schweren Folgen und zum Ausschluss aus der Gemeinschaft führen. Mancher Religionsgründer könnte auch daran gescheitert sein, dass sich nicht rasch genug genügend Menschen fanden, die sich auf dessen Sichtweise einließen. Andererseits kann die Sicht eines Einzelnen durchaus in kurzer Zeit viel Anklang finden und zu einem Teil der gemeinsamen Konstrukte (3. Kategorie) werden (z.B. die Rechenkunst eines Adam Riese, die religiösen Anschauungen eines Abraham, Moses, Mohammed, Buddha, Jesus, Martin Luther oder die psychoanalytische Betrachtungsweise).

3. Die Welt der gemeinsamen Konstrukte – dazu gehören die in jeder Gesellschaft, Gruppe oder Familie vorhandenen Übereinkünfte: Sprache, Wort- und Zeichenbedeutung, Religion, Werte, Rechenregeln, Krankheitsbenennungen, Namen von Pflanzen, Tieren, Steinen usw.,

Gesetze, Regeln, Gebräuche etc. In dieser 'Welt' geht es um veränderbare und sich ständig verändernde Konstrukte. Daher kann bei einem Problem, das sich auf diese Kategorie bezieht, auch mittels Änderung der Gedanken oder Bewertungen eine Lösung entstehen.

Tatsächlich kommt es häufig vor, dass jemand zwischen der ersten und der dritten Kategorie nicht unterscheidet und z.B. die religiösen oder weltanschaulichen Vorstellungen seiner Gruppe (wie im Beispiel oben) für ein „Naturgesetz" oder „die Wahrheit" hält. Infolgedessen wird er natürlich auch gegenüber anderen diese Sichtweise offensiv vertreten und Zweifel daran als „Missachtung der Wahrheit" auffassen. Erhalten einzelne Gruppen sogar Macht über andere (z.B. in religiös geprägten Regierungen), droht allen 'Ungläubigen' potentiell Gefahr.

Wie wichtig es ist, diese Kategorien korrekt zu unterscheiden, zeigt sich etwa beim Auftreten von Beschwerden, bei denen die Ursache unklar ist. Wird nämlich durch eine falsche anfänglich Zuordnung ein unpassender Weg beschritten (z.B. eine Psychotherapie empfohlen, obwohl es sich tatsächlich um die Folgen einer körperlichen Veränderung handelt), wird sich das Problem kaum lösen lassen. Es kann sich durch die zusätzlich eintretende Verzweiflung des Patienten sogar noch verschlimmern. Herausfinden lässt sich dieser Unterschied etwa dadurch, dass zunächst die einfachen Möglichkeiten ins Auge gefasst werden (wie lösungsorientierte Fragen, z.B. nach Ausnahmen, Nährstoffmängeln, Hormonen oder Giften im Blut, Tumormarkern, EEG) danach die aufwändigeren (Computertomographie) und erst wenn sich auch dort nichts Krankhaftes zeigt, in Richtung der Psyche.

Sollte sich im Übrigen das Zweifeln selbst zu einem Problem entwickeln, weil man z.B. an seinem ganzen Leben, dem Partner oder dem eigenen Verstand zweifelt und damit keine Lösung erzielt, lohnt es sich vielleicht, „auch am Sinn des Zweifelns und am Zweifel selbst zu zweifeln" (Klaus Fritz).

Übung:
Auch das Zweifeln kann geübt werden – nehmen Sie z.B. ein beliebiges Buch, idealerweise aus der Rubrik 'Esoterik', und lesen Sie daraus einige Zeilen. Versuchen Sie nun, die Inhalte einer der drei oben genannten Kategorien zuzuordnen, unabhängig davon, für wie 'wahr' Ihnen die Aussagen zunächst klingen mögen. Vieles wird nämlich als wahr verkauft, obwohl es nur ein Konstrukt/die Ansicht weniger ist.

99. Zwingen (sich zwingen)

*Eine schwäbische Landszene: Vor dem Pfarrhaus taucht ein total herunterge-
kommener Obdachloser auf. Frau Zwingli, die Haushälterin, hört sich die
Klagen des Mannes an. Er habe seit Tagen nichts mehr gegessen und sei schon
ganz schwach auf den Beinen. „Noa misset se sich halt zwenga!" (Dann müssen Sie sich eben zwingen!), meint sie wie selbstverständlich.*

Erstaunlicherweise taucht in den Antworten von Klienten, die über
Lösungen oder kleine Erfolge berichten, häufig das Verb „zwingen"
auf. „Ich habe mich eben dazu gezwungen." oder „Die Umstände
haben mich letztlich zu diesem Schritt gezwungen." lauten solche Re-
dewendungen. Dahinter verbirgt sich jedoch eine häufig unterschätz-
te mentale Fähigkeit: das Aktivieren einer starken Motivation durch
geeignete Argumente.

Wie sonst könnte z.B. ein älterer Herr auf die Schreie eines im Eis
eingebrochenen Kindes hin in eiskaltes Wasser tauchen und es retten?
Notwendigkeiten und Zwänge können solche außergewöhnlichen
Fähigkeiten aktivieren. Manchen Menschen genügt offenbar schon,
dass sie sich selbst in einem befehlenden Ton 'Kommandos' geben
(z.B. „Das muss jetzt einfach sein!" oder „Irgendwie wird es schon
gehen"). Auch von KZ-Überlebenden wird erzählt, dass sie nur noch
von ihrem Überlebenswillen am Leben gehalten wurden. Sie zwangen
sich förmlich dazu, weiterzumachen und nicht aufzugeben. Als Motivation half ihnen etwa der Wunsch, ihre Erlebnisse aufzuschreiben
oder die Täter irgendwann zur Rechenschaft ziehen zu können.

Übung:
Suchen Sie sich eine geeignete Herausforderung (mit der dazu passenden Motivation) und trainieren Sie gelegentlich Ihre Fähigkeit,
sich selbst zu etwas Schwierigem oder Unangenehmem zu zwingen.
Diesen Muskel sollten Sie trainieren, für den Fall, dass Sie ihn einmal
brauchen.

Eigene Methoden erfinden, Probleme zu lösen

Richard Bandler, einer der Erfinder des NLP (einer inzwischen weltweit ver-breiteten Methodensammlung, um das subjektive Empfinden zu beeinflussen), schreibt: „Es besteht ein riesiger Unterschied zwischen Lernen und Entdecken, was es noch zu lernen gibt. Das ist der Unterschied, der den eigentlichen Unterschied ausmacht."

Alle hier beschriebenen Methoden wurden zu irgendeinem Zeitpunkt erfunden oder gefunden. Normalerweise kennen wir funktionierende Möglichkeiten, mit denjenigen Problemen umzugehen, die uns vertraut sind. Tauchen jedoch unbekannte Schwierigkeiten auf, suchen wir zunächst in unserem vorhandenen Repertoire, dann in dem unseres direkten Umfelds, zuletzt bei Personen, denen wir eine höhere Problemlösungskompetenz für unseren Fall zutrauen. Findet sich nirgends etwas Passendes, können wir natürlich aufgeben und das Problem für unlösbar erklären. Oder wir versuchen, etwas zu erfinden, das bisher nicht vorhanden ist. Wie gesagt: Ausnahmslos alle Problemlösungen wurden irgendwann zum ersten Mal angewandt. Es spricht also nichts dagegen, dass auch Sie eine Lösung für bisher unlösbar scheinende Probleme finden können.

Doch Vorsicht: Es gibt offensichtlich Probleme (oder Problemkonstruktionen), die faktisch unlösbar sind – in solch einem Fall sind dann andere Fähigkeiten gefragt, z.B. Aushalten, Durchstehen, Loslassen.

Übung:
Erinnern Sie sich an eigene, frühere Problemlösungen, möglichst an solche, die längere Zeit in Anspruch genommen oder mit einigen Fehlversuchen begonnen haben. Wo/wann/ wie haben Sie eigene Techniken oder Methoden erfunden? Bringen Sie es zu Papier, veröffentlichen Sie das in einem Forum für Betroffene, in einem Blog oder auf Facebook, damit auch andere davon profitieren können.

Und zum Schluss:
Das ABC der lösungsorientierten Gesprächsführung

Arbeite professionell, ohne dich für menschliche Begegnungen zu verschließen.

Beachte sowohl lineare (auf Ursachen zielenden) als auch prozesshafte (auf zeitliche Veränderung zielende) Lösungswege. Wähle zunächst den einfacheren.

Chprache* und Begriffe der Klienten sind meist passender als die eigene (Fach-)sprache.

das ist kein Schreibfehler :), Klienten chprechen manchmal so und das hat dann seinen Sinn ...

Diagnostiziere nur gelungene oder gelingende Lösungen, keine Krankheiten oder Leiden.

Erwarte einfache Lösungen und überraschende Erfolge deiner Gesprächspartner.

Führe jedes Gespräch so, als wäre es das einzige zu diesem Thema.

Gib das verwendete Wissen gerne weiter; erkläre bei Bedarf, was du warum machst und was nicht.

Hab mehr acht auf die Erzählungen des Gesprächspartners als auf deine Gedanken dazu.

Interesse und forschende Neugier helfen auf Dauer meist mehr als Mitleiden.

Jeder Mensch ist Experte für sein Leben, seine Lösungen und seine Prozesse.

Kooperation zwischen Klient und Berater sowie gelingende Problemlösungsgespräche sind das Natürliche.

Lies nicht zwischen den Zeilen; bleibe lieber an der Oberfläche.

Mach' mehr von dem, was funktioniert. Funktioniert etwas nicht, versuche etwas anderes.

Nutze deine menschliche wie deine fachliche Kompetenz gleichermaßen.

Probleme und Lösungen sind selten aus dem selben Holz geschnitzt.

Quäle deine Gesprächspartner nicht einen langen Weg den Berg hinauf, wenn es einen kurzen gibt (Seilbahn).

Respektiere alles, was deinem Gegenüber heilig ist, auch wenn du andere Werte achtest.

Schicke deine Klienten zu Kollegen, wenn du selbst nicht (mehr) mit jemand arbeiten möchtest oder die Gespräche erfolglos sind.

Therapiere nichts Gesundes. Wenn der Klient ein Thema ignoriert, ignoriere es ebenfalls.

Ursachen von Lösungen zu fantasieren hilft meist mehr als Ursachen von Problemen zu suchen, vor allem, wenn es der Klient schon ohne Fortschritt versucht hat.

Vergiss gerade bei heiklen oder dramatischen Problemen nicht: Komplizierte Probleme – einfache Lösungen!

Wenn dich Menschliches stört, empöre dich über deine geringe Toleranz, nicht über den Gesprächspartner.

X und **Y** erinnern dich daran, dein Repertoire an Lösungswerkzeugen ständig zu erweitern und Unbekanntes zu entdecken.

Zeige gerade bei ungewöhnlichen Situationen die Haltung des 'Gleiches mit Gleichem – positiv'.

Literatur

Bamberger, Günter G. (1999)
Lösungsorientierte Beratung,
Weinheim: Psychologische Verlagsunion

Bandler, Richard (1987)
Veränderung des subjektiven Erlebens, Paderborn: Junfermann
Berg, Insoo Kim/D. Miller, Scott (1993) Kurzzeittherapie bei Alkohol-
problemen, Heidelberg: Carl Auer

de Shazer, Steve
(1989) Wege der erfolgreichen Kurztherapie, Stuttgart: Klett
ders. (1989) Der Dreh, Heidelberg: Carl Auer
ders. (1992) Das Spiel mit den Unterschieden, Heidelberg: Carl Auer
ders. (1996) „... Worte waren ursprünglich Zauber", Dortmund: Borgmann

Eberling/Hargens (1996)
Einfach kurz und gut – zur Praxis der lösungsorientierten Kurztherapie,
Dortmund: Borgmann

Ellenberger, Henry F. (1973)
Die Entdeckung des Unbewussten,
Bern: Huber

Friedmann, Dietmar
(1990) Der Andere, München: Ehrenwirth
ders. (1997) Integrierte Kurztherapie,
Darmstadt: Primus

Fritz, Klaus (1999)
Ein Sternenmantel voll Vertrauen,
München: dtv

Furmann, Ben (1999)
Es ist nie zu spät, eine glückliche Kindheit zu haben, Dortmund: Borgmann (dt. von Ritva Abao)

Foerster, Heinz/Glasersfeld, Ernst (1999)
Wie wir uns erfinden, Heidelberg: Carl Auer

Foerster, Heinz / Bröcker, Monika (2002)
Teil der Welt, Heidelberg: Carl Auer

Popper, Karl Raimund (1972)
Objektive Erkenntnis, Hamburg: Hoffmann und Campe

Tomm, Karl (1994)
Die Fragen des Beobachters,
Heidelberg: Carl Auer

Trenkle, Bernhard (2000)
Das zweite Ha-Handbuch,
Heidelberg: Carl Auer

Watzlawick / Beavin / Jackson (1969)
Menschliche Kommunikation: Formen, Störungen, Paradoxien,
Bern: Huber

Watzlawick / Weakland / Fisch (1974)
Lösungen,
Bern: Huber

Watzlawick, Paul
(1983) Anleitung zum Unglücklichsein,
München: Piper
ders. (1986) Vom Schlechten des Guten,
München: Piper

White, Michael (1990),
Die Zähmung der Monster, Heidelberg:
Carl Auer

Winkler, Werner
(2003) Heißhunger ist gesund, München: Hugendubel / Irisiana
(2005) Warum sind wir so verschieden? Heidelberg: mvg-Verlag
(2006) Warum Kinder so verschieden sind, Kirchzarten: VAK-Verlag
(2007) Die kleine Gesundheitsinventur, Kirchzarten: VAK-Verlag
(2013) 99 Lösungsgespräche – Praxis der Problemlösung (2)
(2013) 99 Lösungsgeschichten – Praxis der Problemlösung (3)
(2016) Was Sie über Zink und Zinkmangel wissen sollten,
  Herzogenrath: Shaker-Media
(2018) Ideen-Mosaik: Kurzgeschichten, Aufsätze und Gedichte

Eigene Notizen

Eigene Notizen

Eigene Notizen

Eigene Notizen

Eigene Notizen

Eigene Notizen

Eigene Notizen

Eigene Notizen

Eigene Notizen

Eigene Notizen

Eigene Notizen

. . . .

. . . .

. . . .

. . . .

. . . .

. . . .

. . . .

. . . .

. . . .

. . . .

. . . .

. . . .

. . . .

. . . .

. . . .

. . . .

. . . .

Eigene Notizen

....

....

....

....

....

....

....

....

....

....

....

....

....

....

Eigene Notizen

....

....

Eigene Notizen